RENCONTRES

542

Série *Civilisation médiévale*
dirigée par Richard Trachsler et Estelle Doudet

47

Le Dit du berceau au tombeau
(XIIIᵉ-XVᵉ siècle)

Actes des journées d'études « Le Dit du berceau au tombeau (XIIIᵉ-XVᵉ siècle). Pour une réflexion collective et plurielle » organisées les 22 et 23 novembre 2019 à l'Université Laval publiés avec le soutien du Conseil de recherches en sciences humaines du Canada

Le Dit du berceau au tombeau

(XIIIe-XVe siècle)

Sous la direction d'Isabelle Delage-Béland et Anne Salamon

PARIS
CLASSIQUES GARNIER
2022

Isabelle Delage-Béland est instructrice de français à l'Université de la Colombie-Britannique (UBC). Ses recherches portent sur la poétique des genres et sur les formes littéraires brèves du Moyen Âge central et du Moyen Âge tardif.

Anne Salamon est professeure adjointe en philologie romane à l'Université de la Colombie-Britannique (UBC). Elle est spécialiste d'édition de textes et de la littérature du XVe siècle, en particulier la littérature historique et les traductions en français.

ISBN 978-2-406-12894-6 (livre broché)
ISBN 978-2-406-12895-3 (livre relié)
ISSN 2103-5636

INTRODUCTION

Le dit, une énigme de la littérature médiévale
et ses solutions

Après des années de travaux aux conclusions mitigées, replonger au cœur du dit médiéval, dont les problèmes, si l'on en croit la majorité des voix qui lui ont accordé un peu de considération, seraient nombreux et insolubles, pouvait apparaître comme une entreprise vouée à l'échec. Indéfinissable sur le plan de la thématique comme sur celui de la forme, comme l'énonçait Paul Zumthor en 1972 (1972b, p. 88), le corpus des dits – au demeurant à peu près impossible à établir, malgré les efforts répétés[1] – n'aurait rien de la « constellation » ordonnée ou de l' « écrin » et s'apparenterait plutôt à la « nébuleuse » ou au « fourre-tout » (Fourrier, 1979, p. 13), concluait Anthime Fourrier dans l'introduction à son édition aux *« Dits »* et *« Débats »* de Jean Froissart parue quelques années plus tard, en 1979. Un saut dans le temps vient confirmer que les obstacles à l'élucidation du dit semblent se maintenir, au point qu'un sentiment de découragement a peut-être fini par s'installer chez les critiques, lassés du mystère qui entoure sa définition. De fait, même après avoir examiné minutieusement pas moins de 684 manifestations du dit qu'elle avait retenues, Monique Léonard (1996) a admis il y a un peu plus de vingt ans son impuissance à renverser une fois pour toutes les constats de ses prédécesseurs, ce qui lui a valu d'être citée pour ses « déboires » par Alain Corbellari en 2014 (p. 35). Quelques années auparavant, ce médiéviste avait affirmé que « *malgré*[2] la savante étude de Monique Léonard, on ne sait toujours pas très bien ce qu'est un dit » (Corbellari, 2006, p. 115). Il résumait ainsi des années de tentatives infructueuses face à un objet foncièrement indomptable, qui tendait à s'imposer comme la pierre

---

1   Voir notamment Léonard (1996, p. 358-400) pour le corpus des 684 dits. On consultera également Bermejo (1984, p. 53-77).
2   Nous soulignons.

d'achoppement, le point aveugle des études en littérature médiévale de langue française.

En effet, cette série de commentaires sur l'imprécision du dit, qui lui donnent des allures de guêpier pour le moins repoussant, sont révélateurs d'un certain inconfort face à ces textes particulièrement accueillants et souples. Déstabilisants, les dits peuvent déranger par leur diversité à la fois thématique et formelle. Généralement étrangers à la célèbre typologie de la matière tracée par Jean Bodel à la fin du XIIᵉ siècle (une tripartition qui distingue matière arthurienne, matière de Rome et matière de France)[3], ces textes sont capables de s'accommoder des sujets et des tons les plus variés et occupent un territoire étendu, aux délimitations incertaines. Le répertoire des dits peut donc inclure tout aussi bien des satires de femmes[4], des événements d'actualité récente[5], des morceaux de vie quotidienne[6], des éloges de personnages célèbres[7] que des louanges de métiers[8], par exemple. Dans ce vaste territoire se côtoient débats, exercices polémiques, compositions didactiques, allégoriques[9] et plus intimistes. Puisant leur inspiration dans des sources qui ne se laissent pas aisément synthétiser, les dits, perméables aux traditions latine, romane et populaire[10], bouleversent également les catégories formelles que l'on pourrait être tenté de forger[11], jamais aussi stables que les romans en

---

3   Voir *La Chanson des Saisnes* de Jean Bodel (éd. Brasseur, 1989, t. 1, v. 6-10) : « N'en sont que trois materes a nul home vivant : / De France et de Bretaigne et de Ronme la grant ; / Li conte de Bretaigne si sont vain et plaisant, / Et cil de Ronme sage et de sens aprendant, / Cil de France sont voir chascun jour aparant. »

4   Sur cette branche du corpus des dits, voir Léonard (1990, p. 29-47).

5   Monique Léonard a consacré un article à la présence de l'actualité dans les dits (1995, p. 100-117).

6   Voir entre autres Tabard (2008, p. 52-63).

7   Pensons notamment au *Dit du chancelier Philippe* d'Henri d'Andeli ou à la *Complainte du roi de Navarre* de Rutebeuf inclus par Esperanza Bermejo dans son répertoire des dits français du XIIIᵉ siècle (Bermejo, 1984, p. 53-77).

8   Il existe un certain nombre de dits liés à des activités professionnelles, comme le *Dit des boulangers*, le *Dit des cordonniers* ou le *Dit des tisserands*. Alain Corbellari les analyse dans un de ses articles (2006). Voir aussi, du même auteur, *La Voix des clercs. Littérature et savoir universitaire autour des dits du XIIIᵉ siècle* (2005).

9   À la fin de son ouvrage, Monique Léonard dresse une liste de 112 dits qu'elle intitule « Corpus choisi de dits allégoriques » et dont plusieurs se démarquent par la place accordée aux personnifications (1996, p. 407-410).

10 Voir Bermejo (1984, p. 61).

11 Dans son ouvrage, Monique Léonard relève les différentes formes de versification, strophiques et non-strophiques, observées dans le corpus des dits qu'elle examine (Léonard, 1996, p. 69-73 et 203-207).

vers, rimés au rythme fluide des octosyllabes à rimes plates[12], ou que les formes lyriques fixes et leurs canevas plus facilement identifiables. Enfin, moins piquants que les fabliaux, ces textes souvent précédés d'un parfum de scandale et regorgeant de scènes susceptibles de frapper l'imaginaire, les dits, à la différence des lais narratifs des XIIe et XIIIe siècles et de leurs aventures accrocheuses, n'ont pas non plus l'avantage d'offrir des récits auxquels les étudiants et étudiantes à qui l'on enseigne succombent dès la première lecture. Pourtant, s'ils se tiennent à distance du Graal, des exploits chevaleresques émouvants ou de l'étonnement que suscitent d'improbables histoires d'adultère, les dits sont partout et dès lors que l'on cherche à découvrir la littérature médiévale de langue française, on croisera un dit avant longtemps. Comment alors se résigner à ce que le dit, qui a connu un succès absolument remarquable, reste l'énigme irrésolue des genres littéraires du Moyen Âge ?

Cette introduction teintée de pessimisme laisse néanmoins entrevoir un portrait plus lumineux, sans lequel le parcours de lecture qui se déploie en ces pages n'aurait certainement pas été initié. En rouvrant ce dossier délicat, nous pouvons nous tourner vers les travaux de Jacqueline Cerquiglini-Toulet, qui dans ce volume étudie notamment ce qu'elle appelle « l'invention du *dit* ». Les recherches de la médiéviste font aujourd'hui autorité dans le domaine, après avoir non seulement démontré l'intérêt de poser des questions génériques et typologiques aux dits du XIVe siècle, mais aussi offert des lectures qui témoignent d'une sensibilité à la subtilité du dit et au mode d'écriture qui le commande. En fait foi l'attention accordée à la production de Guillaume de Machaut (1980, p. 151-168 ; 1985), auteur incontournable qui s'impose à notre esprit du moment qu'on accorde un peu d'attention au dit. Sous le regard de Jacqueline Cerquiglini-Toulet, la « disparité », une étiquette souvent accolée aux dits, ne conduit pas à l'impasse, au contraire : elle devient le point de départ d'une réflexion sur la richesse et la complexité de la nature composite d'une œuvre comme le *Voir Dit*, où se déploie un « art de la division et de la digression ordonnée » (Cerquiglini-Toulet, 1988, p. 88), le rapport au « mixte » et à l'« hétérogène » s'imposant comme

---

12   Avant le développement de la prose narrative au cours du XIIIe siècle, la narration en couplets d'octosyllabes domine dans les textes appartenant au genre romanesque. On lira avec profit la démonstration de Francis Gingras dans *Le Bâtard conquérant. Essor et expansion du genre romanesque au Moyen Âge* (2011a, en particulier p. 353-372).

un « aspect essentiel de la forme du dit » (*ibid.*, p. 86). Assemblage sophistiqué de narration en vers octosyllabiques, de lettres en prose et de pièces lyriques, le *Voir Dit* incarne de façon exemplaire le travail de montage qui caractérise l'architecture de plusieurs dits.

C'est en nous inspirant de cette hétérogénéité caractéristique du dit que nous avons imaginé ce volume dont l'ambition première est de poursuivre et d'alimenter le travail sur cette forme, laquelle s'est faite plus discrète dans la recherche qui a eu cours ces vingt ou vingt-cinq dernières années. Il nous a semblé qu'un objet aussi tentaculaire que le dit appelait la mise en commun de plusieurs voix, et nous avons fait le pari qu'ensemble nous parviendrions à dégager quelques fils de cette enquête polyphonique pour pratiquer à notre tour l'art de la digression ordonnée. Nous souhaitions également profiter de l'omniprésence de l'appellation *dit*[13] dans le paysage littéraire médiéval pour convier des chercheurs qui accèderaient aux dits en empruntant différentes voies : par l'*exemplum*, comme le fait Francis Gingras en analysant le *Ci nous dit*, par le récit bref, voie choisie par Gabriel Cholette, ou encore par la lyrique, comme le fait Mathias Sieffert en se concentrant sur le *Remède de Fortune* de Guillaume de Machaut, par exemple.

Les œuvres qui renferment la désignation *dit* constituent une imposante et vertigineuse bibliothèque que fréquentent les médiévistes participant à cet ouvrage, en s'intéressant notamment aux auteurs de premier plan que sont Jean Bodel, Baudouin et Jean de Condé, Guillaume de Machaut et Christine de Pizan. La réflexion plurielle que nous menons nous permet d'étudier le dit à plusieurs moments de son existence, du berceau au tombeau, soit de l'aube du XIIIe jusqu'au XVe siècle, d'où le titre de ce volume. Si elle a été esquissée à quelques reprises, cette perspective diachronique « étendue » ne semble pas avoir été à l'origine d'une étude substantielle jusqu'ici : alors que, dans son ouvrage (1996), Monique Léonard n'étudie pas les dits composés après 1340[14], Jacqueline Cerquiglini-Toulet, dans ses articles magistraux sur le dit, se concentre sur les textes du Moyen Âge tardif en soulignant

---

13   Dans ce volume, *dit* est indiqué en italiques pour signaler le mot en emploi autonymique tandis que les guillemets servent quand le mot est utilisé en citation.

14   Notons tout de même qu'en naviguant à travers son imposant corpus, la chercheure suit l'évolution du dit à travers les années, de ses origines à 1340, et que l'aboutissement de ses recherches est présenté dans le deuxième chapitre de son ouvrage. Elle distingue ainsi trois périodes : des origines à 1240, de 1240 à 1280 et de 1280 à 1340.

cependant la différence « notable » (Cerquiglini-Toulet, 1988, p. 92) qui
sépare les deux « générations » dans l'histoire du dit (une première au
XIIIe siècle ; une deuxième aux XIVe et XVe siècles). Dans l'un des rares
volumes collectifs organisés autour du dit, volume publié sous la direc-
tion de Bernard Ribémont en 1990, on lit un appel à la distinction des
« phases historiques » (Rieger, 1990, p. 170) des manifestations du dit,
mais cet appel demeure pour l'essentiel sans réponse dans ce volume
qui fait généralement se succéder des lectures d'œuvres emblématiques
du Moyen Âge tardif[15]. Pour suivre cette piste qui affleure ici et là,
nous avons donc voulu travailler sur le dit en lui fournissant un cadre
redessiné : entre le Moyen Âge central et le Moyen Âge tardif, en misant
sur la force d'une entreprise fédératrice réunissant des interlocuteurs
et interlocutrices aux domaines de recherche et aux intérêts variés. Il
en résulte un panorama d'études de cas complémentaires, un dialogue
productif qui fait sortir de l'ombre plusieurs dimensions propres au dit.

LE DIT ET SES DÉFIS

Retraverser le dit pour repenser, en commun, nos manières de le
comprendre et de le définir, soulève nombre de questions plus vastes – et
pas moins épineuses. « [M]i-narratif, mi-didactique », écrivait Pierre-Yves
Badel dans son *Introduction à la vie littéraire du Moyen Âge* (1984 [1969],
p. 162), genre mêlant lyrisme et narration selon Pierre Le Gentil (1963,
p. 160), le dit se situe au carrefour de plusieurs tendances, ce qui en fait
un objet tout désigné pour tenter de relever certains des défis que pose
l'étude de la littérature médiévale. En tête de liste de ces défis apparaît
celui de la définition des genres littéraires médiévaux, véritable passage
obligé des interrogations sur le dit. À Monique Léonard, qui soutient que
« [d]ans son sens le plus large, le dit est une "composition littéraire" » et
que « le concept est beaucoup trop imprécis pour répondre à la notion
de "genre" » (Léonard, 1996, p. 37), Pierre-Yves Badel a répondu que

---

15 On y trouve des études consacrées à Jean Froissart, Guillaume de Machaut et Christine
    de Pizan, notamment. Mentionnons néanmoins l'article de Monique Léonard (1990,
    p. 29-47) qui porte sur le *Dit de la Femme*, dont la composition remonterait au XIIIe siècle.

« [d]ès lors qu'on renonce à une conception essentialiste, pour ne pas dire biologique, du genre, qui aboutit à exiger de chaque texte qu'il reproduise strictement le modèle générique, les résultats obtenus jusqu'ici par la recherche sur le dit sont plus corroborés que M. Léonard ne le croit par son propre travail » (Badel, 1998, p. 57). La réplique de Pierre-Yves Badel vient rappeler à quel point la conception du genre littéraire médiéval est l'instigatrice de nombreux débats. Beaucoup de médiévistes refusent encore l'idée même d'employer le terme de « genre » pour parler de la littérature médiévale, ce qui explique le balbutiement des études génériques[16], pourtant bien répandues pour la littérature des siècles ultérieurs.

Sans rappeler les tenants et aboutissants des querelles autour de l'existence d'une conscience générique au Moyen Âge, perçues fréquemment comme une source de déception et d'irritation[17], force est d'admettre que, depuis quelques années, les études génériques se situent dans un cadre épistémologique renouvelé[18]. Ainsi on peut désormais, avec Francis Gingras, parler avec assurance de *genre* romanesque au Moyen Âge (2011a, en particulier p. 178-189 et 323-331), signe qu'il n'est pas toujours vain de chercher à définir les genres littéraires[19]. Mais le dit, avec toute la diversité de ses formes et de ses manifestations, se présente comme un cas de figure particulièrement complexe et vient encore jouer les trouble-fêtes dans une réflexion déjà tendue sur les genres littéraires médiévaux. Si la définition du dit semble vite problématique, on peut néanmoins s'appuyer sur les avancées réalisées par Jacqueline Cerquiglini-Toulet qui, en se concentrant sur un corpus

---

16   On consultera le célèbre article de Hans Robert Jauss, « Littérature médiévale et théorie des genres » (1970, p. 79-101). On recense également un certain nombre de contributions plus récentes proposant une réflexion sur les genres littéraires médiévaux. Voir notamment *Les genres littéraires en question au Moyen Âge*, un ouvrage édité par Danièle James-Raoul en 2011, et les articles de Patrick Moran (2017, p. 59-77 ; 2018, p. 38-60).

17   À titre d'exemple, citons seulement, parmi les nombreux commentaires tranchants émis ces dernières décennies, celui de Jacques Ribard à propos de la définition du genre du fabliau : « [i]mpossible, bien sûr, de prétendre rouvrir dans son ensemble l'irritant dossier du fabliau, avec ses interminables et vaines interrogations sur la typologie du genre » (Ribard, 1989, p. 134).

18   Mentionnons aussi les avancées produites par Peter Damian-Grint sur l'*estoire* dans son article « *Estoire* as Word and Genre : Meaning and Literary Usage in the Twelfth Century » (1997, p. 189-206).

19   Sur le cas spécifique de la définition générique des formes brèves, voir notamment Buschinger, 1980 (et plus particulièrement l'article de Payen, 1980, p. 7-23) ; Darbord, 2010 ; Delage-Béland, 2017 et Gingras, 2011b, p. 155-179.

d'œuvres baptisées *dit* au cours des XIVe et XVe siècles, est parvenue à dégager trois critères qui ont guidé notre façon d'aborder le dit et qui tendent à attester une spécialisation progressive du mot : le dit joue avec la discontinuité – ne serait-ce qu'en manifestant un goût prononcé pour « l'usage des listes », pour faire écho au titre du très bel ouvrage de Madeleine Jeay, *Le Commerce des mots. L'usage des listes dans la littérature médiévale (XIIe-XVe siècles)* (2006) –, le dit relève d'une énonciation en *je* et d'un temps, le présent, et, enfin, ce *je* est celui du clerc-écrivain : le dit enseigne (Cerquiglini-Toulet, 1988, p. 87), ce qui en fait le garant d'une certaine vérité[20], loin des fables qui préfèrent la frivolité à la *senefiance*[21].

Ces critères fournissent des repères utiles aux chercheurs qui, comme Patrick Moran, interrogent le corpus des dits sous l'angle du genre littéraire. Dans ce volume, le médiéviste se propose d'affronter ce problème en s'intéressant aux textes les plus anciens, composés bien avant la vogue extraordinaire que connaît le dit au XIVe siècle. L'attention accordée au « berceau » du dit fait surgir nombre de questions fondamentales : le dit est-il ou non un genre littéraire ? Sinon comment qualifier ce maillon essentiel de la chaîne poétique médiévale ? Des questions que suscite un examen du cas spécifique du dit en émerge une autre, plus large, qui relève de nos manières d'appréhender les genres littéraires médiévaux et de les circonscrire, en évitant de leur imposer des systèmes qui les condamneraient à satisfaire nos propres attentes, un écueil qui a pu freiner les études génériques[22]. Est-il possible de penser le genre en circulant à

---

20 La présence d'une forme de vérité revient très souvent dans les tentatives de définition du dit. Pour Monique Léonard, par exemple, le dit est le plus souvent chargé d'une *senefiance* (Léonard, 1996, p. 104-158). Il est également impossible d'ignorer le titre du *Voir Dit* et la réflexion sur la vérité qu'il annonce. À ce propos, voir Cerquiglini-Toulet (1982, p. 253-262).

21 Dans la première strophe du *Dit de Chastie Musart*, l'auteur range derrière lui les formes qu'il a déjà pratiquées – fabliaux, contes, rimes et serventois, qui seraient toutes vouées au *deduit* des gens – pour mieux montrer la valeur de son nouveau projet (*Lo Chastie-musart*, éd. Pensa Michelini Tocci, 1970, v. 1-4).

22 Les attentes du lecteur moderne se font souvent sentir dans la réflexion sur les genres littéraires, comme on le remarque dans l'introduction aux « *Dits* » et « *Débats* » de Jean Froissart que signe Anthime Fourrier : « Or, le Moyen-Age n'avait pas notre souci des catégories étroitement délimitées, des classifications rigoureuses » (1979, p. 12). Le même constat s'impose à la lecture d'un article de Monique Léonard publié dans un collectif consacré à l'hybridation générique : « Prétendre traiter des "genres" littéraires lorsqu'on étudie la période médiévale peut sembler une gageure. On sait que les auteurs du Moyen Âge n'éprouvaient ni le besoin de nommer, ni celui de relier leurs écrits à une catégorie littéraire nettement définie, et cela tout particulièrement dans le domaine de la fiction narrative » (Léonard, 2006, p. 35).

travers un ensemble de textes aussi considérable ? Les auteur.e.s participant à cet ouvrage construisent un paradigme qui promet d'améliorer
notre compréhension des mécanismes propres à la conscience générique
au Moyen Âge : qu'il s'agisse de la démarche « combinatoire » mise en
lumière par Patrick Moran ou du « moule mental » cerné par Jacqueline
Cerquiglini-Toulet, on constate que tout n'est pas trop aléatoire pour
être élucidé, même dans un ensemble aussi intimidant que celui que
constituent les manifestations du dit.

Les œuvres qui, du XIIIe au XVe siècle, revendiquent la désignation *dit*
posent un problème supplémentaire s'il en fallait un : le terme se trouve
au cœur d'un réseau lexical aux ramifications multiples. Non loin de *dit*
apparaissent – comme des concurrents, comme des alliés ou simplement
comme des synonymes, dépendamment des contextes et des périodes –
dictié, traictié, essample, roman, fablel, lai, conte, livre et *livret*, entre autres,
des termes que les lecteurs et lectrices modernes que nous sommes
n'arrivent pas toujours à saisir et à distinguer parfaitement. Cette variété
est régulièrement déposée en preuve contre l'existence d'un système de
classification générique au Moyen Âge. Or de ce réseau – bien dense,
certes – se dégagent des tendances dignes de notre intérêt et qui nous
empêchent de considérer que l'emploi des appellations produit nombre
de contradictions (Léonard, 2006, p. 35) : par exemple, là où, dans des
textes affichant des airs de famille, Guillaume de Machaut affiche une
nette prédilection pour l'étiquette *dit* – étiquette qui sert notamment à
désigner ses poésies lyriques –, Jean Froissart opte le plus souvent pour
dittié. Cette observation témoigne non seulement de la stabilité des habi-
tudes de chaque auteur, mais aussi de l'équivalence sémantique de *dit* et
de *dittié*, qu'on aurait tort de distinguer, voire d'opposer. Francine Mora
a, quant à elle, montré que la cohabitation de *dit* et de *roman* dans les
romans du *Châtelain de Couci* et du *Comte d'Anjou* était moins un signe
du hasard, comme avait pu le laisser entendre Monique Léonard (1996,
p. 276-277), que celui d'un désir de renouveler les modèles du roman en
vers face au succès des grandes sommes romanesques en prose (Mora,
2011, p. 277), une conclusion qui, une fois encore, contribue à faire de
ce réseau lexical un espace d'investigation solide. En sollicitant notre
sagacité, ce voisinage parfois obscur peut, dès lors qu'on ne l'attribue
pas d'emblée à une simple hésitation ou insouciance des auteurs ou
des copistes, mener à des découvertes signifiantes et ainsi fournir une

clé à l'énigme du dit, une piste que suit Madeleine Jeay en étudiant la dénomination des textes de Baudouin et de Jean de Condé pour faire apparaître la cohérence du métadiscours élaboré dans l'œuvre de ces auteurs et ce, même si affleure toute une variété d'identifications : *dit*, *conte, lai, recort, serventois*, etc. Jacqueline Cerquiglini-Toulet, quant à elle, parvient à montrer que le mot *dit*, bien qu'il se trouve dans un nombre impressionnant de textes, du XIIe siècle de Chrétien de Troyes au XVe siècle de Christine de Pizan, n'est pas pour autant dépourvu d'une définition pertinente, laquelle se construit et se raffine au fil des siècles et des œuvres.

Le réseau lexical dans lequel s'inscrit le mot *dit* apparaît de façon éclatante au début du *Joli buisson de Jonece*, où Jean Froissart puise habilement dans le répertoire de termes qui s'offrent à lui pour ordonner la bibliothèque de ses propres œuvres :

> Mes dittes moi, je qui repose
> Et qui ressongne travillier,
> De quoi me porai je esvillier,
> Qui soit plaisant et pourfitable,
> Au lire et l'oÿr delitable ?
> Voirs est q'un livret fis jadis
> Qu'on dist l'*Amoureus Paradis*
> Et ossi celi del Orloge,
> Ou grant part del art d'Amours loge ;
> Apriés, l'Espinete amoureuse,
> Qui n'est pas al oÿr ireuse ;
> Et puis l'Amoureuse Prison,
> Qu'en pluiseurs places bien prise on,
> Rondiaus, balades, virelais,
> Grant fusion de dis et de lais ;
> Mais j'estoie lors pour le tamps
> Toutes nouveletés sentans.
> (Jean Froissart, éd. Fourrier, 1975, v. 438-454)

Sont rangés, d'un côté, ses livrets, parmi lesquels figurent *L'Espinette amoureuse* et *La Prison amoureuse*, et de l'autre, ses poésies lyriques (un ensemble dont font partie les *rondeaux*, les *ballades* et les *lais*, sans oublier les *dits*, qui occupent leur espace propre). Ce geste rétrospectif prend place à la suite d'une remarque révélatrice des ambitions de Jean Froissart : il s'agit de proposer un ouvrage non seulement plaisant et profitable, *topos* largement répandu, mais aussi agréable à lire comme à entendre. Exercice de classement et de disposition, ce passage du *Joli buisson de Jonece* ouvre la voie à la réflexion sur la tension sans cesse renégociée entre oralité et écriture et, par extension, sur le développement de l'imaginaire du livre médiéval (Cerquiglini-Toulet, 1993) qu'accompagne celui de formes comme le dit, alors que la bibliothèque s'organise et s'actualise dans des textes qui la donnent à voir.

Pour Paul Zumthor, l'essor du terme *dit* marque le « triomphe de la parole » (1972a, p. 479-480) sur la chanson, et participe du passage du grand chant à la poésie plus personnelle, portée par la subjectivité d'un *je*. S'il existe un critère de définition récurrent dans l'histoire de la réception critique du dit, c'est bien celui d'une forme d'opposition au chant : le dit serait un texte non chanté, excluant tout accompagnement musical, comme l'a soutenu pour sa part Pierre Le Gentil (1963, p. 160), avec qui s'accorde Emmanuèle Baumgartner en envisageant le dit comme un « genre lyrico-narratif » (1988, p. 172). Or cette appellation[23], puisqu'elle convient aussi à des romans comme ceux de la *Violette* de Gerbert de Montreuil et de *Guillaume de Dole* de Jean Renart, ne permet pas de cibler la spécificité du dit, pas plus qu'elle n'est apte à rendre compte de l'ensemble du corpus. Il reste que, en alimentant et en prenant acte des glissements que subissent le chant et la lyrique, le dit tend à proposer une parole littérarisée, poétique : suivre la vie du dit nous donne la mesure des libertés et des pouvoirs acquis par la lettre, toujours plus riche de nouvelles *manières* d'intégrer les différentes *matières*, comme l'a fait remarquer Jacqueline Cerquiglini-Toulet (1988, p. 86).

Du XIIIᵉ siècle, où la plupart des dits rejoignent sans trop de mal la catégorie des formes brèves – au même titre que les fabliaux avec lesquels ils sont préservés dans certains manuscrits[24], par exemple –, au XIVᵉ siècle, les dits s'épanouissent, se déploient, exhibent les possibilités de l'écriture et en viennent parfois à se prononcer sur la mise en livre qu'appelle l'écrit, comme on en trouve une illustration fort évocatrice dans le *Livre du Voir Dit* de Guillaume de Machaut. Progressivement, le

---

23 Sur les romans lyrico-narratifs que sont le *Roman de la Violette* et le *Roman de Guillaume de Dole*, voir notamment Arseneau (2010, p. 99-122 ; 2012). On consultera également Huot (1987).

24 À titre d'exemple, voir, outre le manuscrit Paris, BnF, fr. 837 mentionné plus loin, ceux de Bern, Burgerbibliothek, 354, de Berlin, Deutsche Staatsbibliothek, Hamilton 257, et de Paris, BnF, fr. 1593, tous figurant parmi les grands recueils de fabliaux.

texte n'apparaît plus seulement comme ce qui peut être entendu, mais aussi, et de plus en plus explicitement, comme ce qui peut être construit, manipulé en tant qu'objet tangible dont on peut se saisir. Dans le *Voir Dit*, le texte, qu'il prenne la forme d'une lettre, d'une ballade ou d'un livre où le poète met « toutes ses choses[25] », est désiré, transcrit, envoyé et partagé ; il est ce que l'on touche, ce que l'on voit et ce que l'on lit[26] ; les *escriptures* donnent à réfléchir et à penser, et le plaisir de la relecture est célébré. L'histoire du dit à travers les siècles, que l'on pourrait aussi raconter comme celle d'une relation à redéfinir entre écriture et oralité, entre lettre et voix, mène entre autres à la présence plus insistante de l'objet physique, concret et visuel dans le texte, et nous offre par le fait même un regard privilégié sur les mutations qui caractérisent tout particulièrement la littérature du XIVe siècle. Ces mutations favorisent le développement d'une série de pratiques de réception et de lecture, comme l'explore Francis Gingras dans son article en analysant les récits qui composent le *Ci nous dit* et les modalités de leur mise en livre pour montrer que ce qui est dit interpelle aussi l'œil auquel s'adressent les miniatures qui ponctuent le manuscrit.

Au-delà, il semble qu'une telle prégnance de l'imaginaire du livre et de l'écrit nous incite d'autant plus à voir dans le support même qui a assuré la conservation et la circulation des dits une solution aux difficultés qu'ils continuent de poser. Les manuscrits qui nous ont transmis les dits sont généralement le résultat d'un travail de mise en recueil[27] qui leur a offert différents environnements textuels, paratextuels et contextuels[28], environnements qui révèlent tout un éventail de modes de lecture et de consommation possibles. Tandis que l'on remarque, d'une

---

25 Dans la lettre 33, de l'amant, on lit : « Quant vous arés vostre livre, si le gardés chierement, car je n'en ai nulle copie, et je seroie coureciés s'il estoit perdus et s'il n'estoit ou livre ou livre ou je mets toutes mes choses » (Guillaume de Machaut, *Le Livre du Voir Dit*, éd. Imbs, 1999, p. 558).

26 Les exemples ne manquent pas : les rondeaux composés sont indissociables de leur support, le parchemin (*ibid.*, p. 260), la dame voit et lit les lettres qu'elle reçoit (*ibid.*, p. 290), l'amant fait « le dit et le chant » d'un lai qu'il fait transcrire et noter avant de le plier et de l'envoyer (*ibid.*, p. 400), et le plaisir visuel que procure la qualité de la calligraphie est commenté (*ibid.*, p. 766).

27 La masse critique consacrée au recueil médiéval étant très importante, nous ne mentionnerons que quelques-unes des contributions majeures : Azzam *et al.*, 2005, p. 639-669 ; Collet *et al.*, 2010, p. 11-34 ; Hasenohr, 1999, p. 37-50 et Van Hemelryck *et al.*, 2010.

28 Sur la lecture « en contexte », on consultera l'ouvrage de Keith Busby, *Codex and Context. Reading Old French Verse Narrative in Manuscript* (2002).

part, des regroupements organisés autour d'un même auteur (Baudouin ou Jean de Condé, par exemple, dont on peut trouver les œuvres dans les manuscrits de Bruxelles, KBR, 9411-9426 et de Paris, Bibliothèque de l'Arsenal, 3142 et 3524 et BnF, fr. 1634, pour n'en énumérer que quelques-uns), on se heurte, d'autre part, à des séquences qui rapprochent des textes aux affinités moins évidentes. Or il arrive que ces regroupements éclectiques, qui ne se laissent pas discerner sans effort, soient les plus à même de nous livrer des leçons de poétique, comme l'a déjà montré Yasmina Foehr-Janssens en décelant la valeur programmatique du *Dit du barisel*, texte inaugural du célèbre recueil 837 conservé à la BnF (Foehr-Janssens, 2005, p. 153-171). Reconnu pour l'importante portion du corpus des fabliaux qu'il renferme, ce manuscrit a été décrit comme le « Livre du Cabaz » dans l'inventaire de 1420 de la « librairie » de Philippe le Bon (Doutrepont, 1906, p. 60-61), duc de Bourgogne, tant il peut laisser une impression de fourre-tout. Mais une lecture attentive du *Dit du barisel* vient mettre à nu les tensions traversant tout le recueil et qui sont énoncées dans cette œuvre qui fait office de prologue à la longue collection de textes brefs. Pour nous renseigner sur la poétique du dit, Yasmina Foehr-Janssens poursuit dans ce volume son travail de lecture en contexte en étudiant le cas singulier du manuscrit de Paris, BnF, fr. 1446, lequel réunit une série de dits de Baudouin et de Jean de Condé, précédés notamment du *Roman de Kanor*.

Tendance forte de la médiévistique actuelle mais encore peu mise au service des dits[29], l'analyse des liens entre la dimension textuelle et la réalité matérielle est prometteuse en ce qu'elle permet de montrer comment s'articulent les dits dans l'espace du manuscrit[30]. Plus encore, l'attention dirigée vers les différentes copies d'un texte et les variantes qui les distinguent nous accorde le luxe de découvrir une bibliothèque aux rayons mouvants, conçus par des auteurs, copistes et lecteurs qui, par leurs interventions, délibérées ou non, ont créé plusieurs niveaux de lecture pour ces œuvres que nous nous appliquons à déchiffrer à notre tour. L'examen de la matérialité du texte peut ébranler nos présupposés et remettre en question notre compréhension du dit, de sa composition à sa réception.

---

29 Pour un état de la question, voir notamment *Mettre en livre. Pour une approche de la littérature médiévale*, un dossier dirigé par Anne Salamon et paru dans la revue *Études françaises* en 2017.

30 Sur les dits dans leur contexte manuscrit, mentionnons le travail de Daron Burrows sur les conditions de transmission des dits satiriques *Des clers* et *Des vilains* (2007, p. 118-131).

RETRAVERSER LE DIT

Autre preuve du potentiel du travail collectif, la succession des chapitres de ce volume trace un parcours invitant à mieux interroger le dit et à réorienter les questions qui lui sont posées, en amont ou en aval de son histoire. Du premier au dernier dit, les expérimentations multiples et les affirmations de pratiques poétiques singulières se partagent un riche espace littéraire, de sorte que le mot *dit* connaît différentes trajectoires sémantiques qui ont façonné son identité jusqu'à sa mise au tombeau au XVᵉ siècle.

Pour lancer l'enquête, Patrick Moran place une loupe devant la production plus ancienne en examinant les textes nommés « dits » par au moins un copiste et/ou par la critique moderne entre le milieu du XIIᵉ siècle et le tout début du XIIIᵉ siècle, soit bien avant la composition des dits de Baudouin et de Jean de Condé ou de Watriquet de Couvin, auteurs qu'on associe plus spontanément au genre. Ce regard porté sur les manifestations précoces du dit dispense une leçon méthodologique en ce qu'il illustre l'efficacité d'une perspective à ras du sol – défendue par Jean-Marie Schaeffer dans son article « Du texte au genre » (1983) –, sorte de cliché saisissant un texte à un « moment t » et susceptible de donner du sens à des phénomènes encore en construction qu'une approche en surplomb tendrait à négliger. Rarement intégrés aux études sur le dit, ces textes qui remontent à époque très haute ont dû « être beaucoup de choses à la fois », comme l'écrit Patrick Moran qui perçoit aussi le déroutement des copistes face à ces objets profondément hétérogènes, ceux-ci devant leur existence à la combinaison de divers éléments.

Après Patrick Moran qui se place en amont de l'histoire du dit, Francis Gingras effectue pour sa part un pas de côté, une stratégie qui sert à éclairer autrement le genre qui nous préoccupe. Dans sa contribution, le chercheur soumet à examen le *Ci nous dit* qui, s'il se distancie de notre corpus principal, met en valeur plusieurs façons de *dire* au premier quart du XIVᵉ siècle, période qui correspond également à un temps fort de la production de dits. Dans le *Ci nous dit* et certains de ses manuscrits, la récurrence du *dire* nous renseigne sur les subtilités de la relation entre lettre et voix, cruciale dans le contexte de l'affirmation de la langue française comme littéraire. Non seulement les sens du verbe *dire* dégagés par Francis Gingras montrent-ils l'importance accordée à la parole vive, que l'on tente d'imiter dans le *Ci nous dit*, mais ils exacerbent en outre la dimension concrète de la parole dite, qui n'a de sens que si elle est entendue. Dire, c'est donc faire voir, faire connaître, faire entendre et, alors qu'un mouvement de reconfiguration des formes narratives « en roman » a cours, dire équivaut aussi à feindre, une manœuvre qui s'apparente à la dynamique traversant nombre de dits, ces textes en vers élaborant des fictions chargées de transmettre des vérités.

Les articles subséquents font la démonstration de la pertinence de relire, dans le cadre de cette réflexion commune, des œuvres dont l'appartenance au genre du dit est généralement reconnue. C'est d'abord au cœur de la pratique de Baudouin et de Jean de Condé que plonge Madeleine Jeay, attentive à la terminologie employée par le père, puis le fils, témoins essentiels à notre enquête sur la définition du dit tant l'œuvre qu'ils ont léguée occupe une place centrale dans le développement du genre. En se livrant à une analyse minutieuse des termes génériques et littéraires apparaissant dans ces textes composés pendant la deuxième moitié du XIII siècle et au XIV siècle, Madeleine Jeay arrive à identifier les configurations génériques en place chez Baudouin de Condé, et encore plus chez Jean, dont les textes font état d'une recherche terminologique particulièrement poussée. S'il est indéniable que les Condé s'appliquent à définir leurs créations poétiques, ils se prononcent également sur leur métier de ménestrel et ses responsabilités. Ainsi le travail de Madeleine Jeay met au jour une double émergence : celle du dit comme genre de plus en plus affirmé, et celle de la figure d'auteur qui met en scène à la fois son statut et la fabrique de son œuvre.

Afin d'approfondir notre connaissance des textes des Condé, Yasmina Foehr-Janssens propose pour sa part une interprétation généalogique, tant sur le plan biographique que sur celui de la généricité, des œuvres du père et du fils. Le fil généalogique autour duquel se construit l'argumentaire étayé dans cet article signale la prégnance de l'imaginaire de la filiation. De fait, dans ses textes, Jean négocie l'héritage de son père et réinvestit certaines des images employées par le poète de la première génération pour offrir une autre vision du monde. Une telle réorientation participe d'un mouvement d'affirmation du fils qui s'observe de manière frappante dans le recueil fr. 1446, véritable atelier textuel dont l'un des attraits est de nous donner accès à une œuvre déjà complétée – celle de Baudouin – et une autre en cours de constitution – celle de Jean. L'accumulation de preuves et d'exemples permet à Yasmina Foehr-Janssens d'affirmer que le dit, pratiqué du père au fils, du XIII au XIV siècle, est bien plus qu'un genre ou une mode. Selon elle, nous avons affaire à un « mode de faire littéraire ». Ses conclusions convainquent également du croisement de l'émergence de la figure d'auteur et de l'épanouissement du dit, produisant ainsi un fort écho aux analyses menées par Madeleine Jeay.

Pour Gabriel Cholette, il s'agit moins de se concentrer sur la pratique d'un auteur en particulier que d'opérer une sélection visant à isoler ce qu'il appelle une « sous-catégorie » ou un « sous-genre » du dit : les dits à dominante narrative, composés pendant une période restreinte (fin du XIIIᵉ-début du XIVᵉ siècle). Dans un premier temps, l'examen auquel Gabriel Cholette procède le conduit à circonscrire un dispositif énonciatif permettant de mieux saisir l'articulation du récit et de la morale, les dits à l'étude possédant une vocation didactique que se charge de souligner le passage du *je* au *il*, puis au *nous*. Dans un second temps, on remarque que cette « sous-catégorie » du dit vient avec son « mode d'emploi », aspect abordé dans plusieurs contributions de ce volume, signe de la valeur de son rôle dans la réflexion sur le dit. En effet, la pratique de ces dits – narratifs dans le cas présent – s'accompagne d'une prise de position sur les modalités de réception idéales qui s'exprime à l'aide de différents indices énonciatifs et formels.

Avec Mathias Sieffert, nous gagnons le chemin de la lyrique en retraversant une œuvre unique et ambitieuse : le *Remède de Fortune* de Guillaume de Machaut, texte qui revendique l'appellation *dit* en clôture. La complexité du *Remède de Fortune* en fait un terrain d'enquête privilégié pour explorer les manifestations de l'hétérogénéité du dit, caractéristique consubstantielle au genre. On retient notamment de l'examen de Mathias Sieffert que Machaut, artiste de la composition, conjoint divers ingrédients – ce qui n'est pas sans rappeler, à un degré peut-être plus sophistiqué, le processus de « combinaison » mis en lumière par Patrick Moran dans sa recherche sur les textes plus anciens – à la faveur d'une œuvre hybride qui cultive l'ambiguïté sur la contingence amoureuse. Au-delà, le *Remède de Fortune* pousse à s'interroger sur la réception qu'il commande. Pour Mathias Sieffert, plusieurs parcours se superposent (technique, historique et sémiotique, entre autres), traçant ainsi une progression morale et musicale, mais traduisant aussi une conception cyclique, laquelle laisserait supposer la possibilité d'un recommencement. « Forme-sens », le dit tel que le conçoit Guillaume de Machaut semble favoriser la multiplication des voies interprétatives.

En conclusion de ce parcours, Jacqueline Cerquiglini-Toulet s'arrête d'abord sur la naissance du dit et le besoin d'invention et de nouveauté dont elle se fait l'expression, avant de s'interroger sur sa mort au XVe siècle, offrant dès lors un regard rétrospectif sur les mouvements identifiés du début à la fin de ce volume. En réponse aux critiques qui, longtemps, n'ont retenu que l'indétermination du dit pour renoncer à creuser davantage, cette contribution réévalue les éléments définitoires associés au genre – parmi lesquels on compte la forme métrique, le discontinu, la vérité, l'utilité et la longueur – et vient attacher les fils déployés dans les pages précédentes : « Aucun critère, à lui seul, ne définit le dit », statue Jacqueline Cerquiglini-Toulet pour orienter de façon décisive notre conception du dit. Fondamentale, cette combinaison de critères n'est toutefois pas incompatible avec une idée médiévale du dit. En effet, grâce à l'examen des manifestations et des sens du *dit*, dont les premières attestations se situent au XIIe siècle, on assiste à la formation d'un « moule mental du *dit* » au XIIIe et au XIVe siècle, témoignant du sens métatextuel dont se dote le mot, puis à son effritement au moment où le *dit*, supplanté par le mot *livre*, retrouve le sens général de composition poétique, en vers, qui le caractérisait au début de sa vie.

Nous engager dans la lecture ou la relecture des dits nous mène à réfléchir à nos façons d'aborder des objets qui nous sont éloignés. Relevant davantage de la *disjonction* et de la *césure* plutôt que de la *conjointure*, pour reprendre les mots de Jacqueline Cerquiglini-Toulet (1982, p. 87), les dits tendent à nous tirer du confort que procurent l'unité et l'enchaînement des actions, le déroulement d'un fil narratif immédiatement perceptible. Or en résistant aux cadres que nous tentons de leur imposer, les dits nous aident à penser autrement. Et c'est peut-être de ce côté que se situent les conclusions les plus révélatrices du croisement des regards, alors que sont données à lire et à entendre des œuvres qui nous confrontent à la part d'altérité de la littérature médiévale tout en nous rappelant ce qu'elles ont d'inépuisable pour les lecteurs et lectrices, du Moyen Âge au XXIe siècle.

Isabelle DELAGE-BÉLAND
University of British Columbia

LE GENRE DU DIT DANS LE DÉBAT
SUR LA GÉNÉRICITÉ MÉDIÉVALE

Que faire des plus anciens textes[1] ?

Nombre de médiévistes ont l'habitude de mettre le mot *genre* entre guillemets lorsqu'ils l'appliquent à la littérature médiévale – *littérature* elle-même souvent mise entre guillemets, à l'instar de Paul Zumthor dans *La Lettre et la Voix* (Zumthor, 1987). Mais la tendance à prendre le mot *genre* avec des pincettes – en d'autres termes, dire que la notion de genre s'applique difficilement à la production médiévale, ou que son application serait anachronique – est un tropisme plus général chez les médiévistes : nombreux sont les spécialistes dans notre domaine qui n'ont pas de problème fondamental avec l'expression de *littérature médiévale* mais qui préfèrent prendre leurs distances avec le vocabulaire générique, surtout pour la période haute, XIᵉ-XIIIᵉ siècle[2].

Si l'on accepte que le mot *genre* n'a pas forcément besoin de renvoyer à un fond doctrinal aristotélicien et que nous pouvons l'employer simplement au sens de « groupes de textes qui manifestent des traits communs qui leur permettent de se différencier d'autres textes appartenant à d'autres groupements[3] », la question devient celle de la *conscience générique* : dans quelle mesure les praticiens de la littérature médiévale – auteurs, copistes, lecteurs – percevaient-ils les textes comme s'organisant en familles plus ou moins stables ? Pour répondre à cette question, les défenseurs de la notion de genre ont tendance à prendre comme exemple des classes textuelles bien identifiées à la

---

1 La recherche sur laquelle se fonde cet article a été rendue possible grâce à une subvention Développement Savoir du Conseil de recherches en sciences humaines du Canada, accordée en 2019 à un projet intitulé « Literary Genre in the French-Speaking Middle Ages : From Manuscript Studies to Cognitive Theory ».

2 À ce sujet, voir entre autres Zumthor (2000, p. 194-198) ; Trachsler (2000, p. 9-47) ; Charpentier et Fasseur (2010) ; Moran (2014, p. 632-647) ; et Moran (2018).

3 Dans la lignée notamment de Fowler (1982) et Schaeffer (1989).

fois au Moyen Âge et par la critique moderne, comme la chanson de geste, le lai, ou encore le roman[4].

Les défenseurs de la pertinence du mot *genre* au XIe-XIIIe siècle, ont assez rarement recours – et ce ne sera une surprise pour personne – à la catégorie du *dit* pour étayer leur propos. Là où d'autres genres se définissent par un format spécifique ou par des sujets qui leur sont propres, voire par la combinaison des deux, le dit semble se caractériser par son éclectisme aussi bien formel que thématique. Paul Zumthor dans son *Histoire littéraire de la France médiévale* de 1954 écrivait par exemple qu'« [e]ntre les genres narratifs brefs, [...], fabliau, lai et "dit" (terme nouveau), il est impossible de relever des distinctions valables. Sous ces noms se groupent toutes espèces de récits [...] » (Zumthor, 1954, p. 239). Par la suite, la critique a cherché à mieux définir le fabliau et le lai, mais le dit a souvent été rejeté dans les limbes d'une définition négative : Per Nykrog, dans son ouvrage sur les fabliaux de 1957, signalait par exemple que les dits s'opposaient aux fabliaux par leur absence de fable, c'est-à-dire d'action (Nykrog, 1957, p. 10). Dans son *Essai de poétique médiévale*, Paul Zumthor encore explique au sujet du dit que « son unité n'apparaît bien que par contraste avec le lyrisme courtois » (Zumthor, 2000, p. 405). Comme pour résumer les difficultés que le dit pose à une théorie générique médiévale, Brian Woledge condamne en 1973, dans un chapitre des *Mélanges Le Gentil*, la tentation de faire du mot *dit* « un terme technique précis, un nom de genre » (Woledge, 1973, p. 899), et rappelle qu'il ne faut pas être « trop prompts à découper des genres dans la chair vive de la France médiévale » (*ibid.*). En d'autres termes, le dit constituerait la limite invalidante du discours générique des médiévistes : par extension, il prouve peut-être que l'entreprise globale est un leurre.

Les conséquences d'un tel discours continuent à se faire sentir même dans les décennies subséquentes : malgré les deux articles de référence de Jacqueline Cerquiglini-Toulet dans les années 1980 qui démontrent la pertinence d'un discours générique sur le dit (Cerquiglini-Toulet, 1980, 1988), Monique Léonard, dans son ouvrage de 1996 *Le Dit et sa technique littéraire des origines à 1340* (Léonard, 1996), met systématiquement le mot *genre* entre guillemets chaque fois qu'elle l'emploie

---

4   Le roman est un genre qui étreint beaucoup, mais autour duquel, comme Francis Gingras l'a montré il y a peu, se développe assez tôt une vraie conscience générique partagée (Gingras, 2011a).

– même si le principe même de son livre, titre inclus, postule la nature générique du dit.

À vrai dire, face aux tergiversations sur la pertinence du terme, il suffit de répondre que le mot *dit* existe au Moyen Âge et qu'il est employé par des auteurs et des copistes pour faire référence à certains textes spécifiques : il doit donc bien y avoir une conscience générique du dit chez les médiévaux, quelle que soit la manière dont on la définisse. Mais là encore, le dit ne cesse de poser problème, surtout lorsqu'on remonte à une époque très haute. Autant la médiévistique moderne a des réponses toutes faites aux questions « quelle est la première chanson de geste conservée ? », « quel est le premier roman ? » ou « quels sont les premiers lais ? », autant il est fort difficile de déterminer quel est le premier dit. La réponse à cette question engage pourtant celle de la conscience générique, et celle de la définition plus large du genre. Sur quelle base déterminer quel est le premier dit, reconnu comme tel par les médiévaux ?

QUELS SONT LES PREMIERS DITS ?

Sans doute le critère le plus fiable est-il celui de la désignation, puisque celle-ci suppose un usage : quels textes se désignent ou sont désignés dans les manuscrits comme des dits ? Le problème, c'est que le premier texte à se désigner comme un dit, au tout début du XIIIᵉ siècle, c'est le roman de *L'Escoufle* de Jean Renart, dans son prologue :

> Mais qui en tans et en saison
> Puet mestre .j. bel conte en memo[i]re
> Et faire .j. dit de boune estoire
> Et ml't bien fait cil qui s'en paine,
> Ki vertés soit, c'est bele paine.
> (*L'Escoufle*, éd. Sweetser, 1974, v. 26-30)

Les problèmes posés par cette « première » sont multiples. Le terme *dit*, dans cette citation, est concurrencé par ceux de *conte* et d'*estoire* ; à la fin de son prologue, Jean Renart intitule son texte « li contes de l'Escoufle » (*ibid.*, v. 39), et dans les derniers vers du récit il le nomme

un « rouman » (*ibid.*, v. 9099). Et le manuscrit Paris, Arsenal, 6565, le
seul à conserver une version complète du texte, clôture avec « Explicit li
roumans de l'escouffle » (*ibid.*, p. 297). Le texte s'y trouve en compagnie
d'une seule autre œuvre : *Guillaume de Palerne*, un autre roman. De fait,
il est difficile de ne pas considérer *L'Escoufle* comme un roman ; les termes
conte et *estoire*, plutôt que de brouiller son identification générique, tendent
plutôt à la corroborer. Quant au mot *dit*, la critique moderne a plutôt
tendance à le dé-généraliser, si l'on me passe l'expression, c'est-à-dire à lui
ôter sa charge générique en considérant que le terme renvoie plus à la
notion de « propos » ou de « discours » qu'à une étiquette générique[5]. Sans
doute une telle décision critique est-elle légitimée par les autres termes
employés par l'auteur, mais force est de reconnaître que ce sont aussi nos
attentes qui informent notre choix : nous nous faisons une certaine idée
du dit, idée à laquelle *L'Escoufle* correspond trop imparfaitement ; et cela
nous arrange donc de minimiser cette étiquette générique particulière.

Faut-il, du coup, repousser à plus tard l'émergence des premiers dits ?
Et dans ce cas, de quels textes s'agirait-il ? Les auteurs, les copistes et les
critiques modernes ne s'accordent pas. En se focalisant sur les dénominations faites par les auteurs eux-mêmes, on doit repousser l'émergence
des premiers dits aux années 1215-1230, avec des auteurs comme Robert
Grosseteste, Henri d'Andeli, le Reclus de Molliens ou Guillaume Le Clerc
de Normandie – même si certaines de ces œuvres, comme le problémati-
quement nommé *Roman de Charité* du Reclus, ne cadrent pas tout à fait avec
les traits internes que la critique associe généralement au dit. Ou peut-être
faut-il aller chercher encore plus en aval et attendre la deuxième moitié
du XIIIe siècle, avec des auteurs comme Baudouin de Condé et Rutebeuf ?

Inversement, les copistes médiévaux, tout comme les médiévistes
modernes, tendent à étirer l'appellation *dit* en amont de cette période, et
plusieurs œuvres de la deuxième moitié du XIIe siècle et du tout début du
XIIIe reçoivent ce nom dans les manuscrits ou dans les études critiques.
Si ces textes reçoivent l'appellation de *dits*, c'est bien parce qu'ils doivent
correspondre à quelque chose que l'esprit des copistes ou critiques associe
au terme. Il y a donc bien conscience générique : celle des médiévistes
modernes, qui ne nous intéresse pas beaucoup en l'occurrence ; et celle
des copistes, qui peut évidemment être un facteur du temps écoulé :
un copiste du XIVe siècle, à qui le dit est une forme familière illustrée

---

5   Voir par exemple Gallais (1988, p. 789).

par des auteurs célèbres, pourra plus facilement appeler *dit* une œuvre plus ancienne en l'assimilant à ce corpus qu'il connaît bien. Et dans ces cas-là, quel crédit accorder à cet étiquetage de copiste ?

La question du dit à époque très haute nous met face à la constatation formulée par Jean-Marie Schaeffer dans son article de 1983, « Du texte au genre » :

> Soit on parle du texte en tant qu'élément de la classe, soit on en parle en tant qu'objet historique à un moment t. La confusion résulte du fait qu'en général ces deux aspects se trouvent télescopés. Or, le texte en tant qu'il surgit à un moment t n'appartient évidemment pas au genre tel qu'il est constitué rétrospectivement, c'est-à-dire en tant qu'abstrait d'une classe de textes allant de t^{-n} à t^{+n} (sauf le cas limite où le texte étudié dans son contexte historique est en même temps le dernier de la série des textes de la classification rétrospective). Pour n'importe quel texte situé temporellement avant t^{+n}, le modèle générique est constitué uniquement par les textes antérieurs, ce qui signifie que le modèle générique textuel n'est jamais (sauf le cas limite dont je viens de parler) identique au modèle générique rétrospectif. (Schaeffer, 1983, p. 18)

En d'autres termes, on peut regarder un genre en surplomb, en connaissant la totalité de son déploiement et en identifiant un ensemble de critères internes qui s'appliquent efficacement aux différents membres de la classe, ce qui permet d'identifier des textes marginaux et de les inclure ou non dans la catégorie – comme ici les textes les plus anciens, jusqu'à 1200 environ. Mais on peut aussi regarder un genre au ras du sol, sous la forme d'un instantané à un moment donné de son évolution – donc en faisant abstraction de tout ce que l'on a appris par la suite au sujet de ce genre, lors de sa pleine période de développement.

À ce titre, lorsque les médiévistes modernes disent par exemple que les *Vers de la mort* d'Hélinand de Froidmont sont un dit, ils adoptent clairement la première attitude : le texte d'Hélinand ressemble bien à ce qu'on nommera plus tard des dits, et de surcroît, l'influence de la strophe hélinandienne sur le genre du dit a été considérable ; on regarde donc aussi les *conséquences* du texte. Quant aux copistes, eux aussi adoptent dans une certaine mesure une position de surplomb, mais ce surplomb est moins élevé, et il l'est d'autant moins lorsqu'ils copient un texte près de sa date de composition : on n'interprétera pas forcément le geste d'un copiste de la première moitié du XIIIe siècle de la même manière que celui d'un scribe de la fin du XIVe. Pour les textes antérieurs aux années

1215-1230, qui ne sont jamais appelés *dits* par leurs propres auteurs, la parole des copistes est pourtant ce que nous avons de mieux pour nous rapprocher de l'identité générique de ces textes *in situ*.

À l'aide du livre de Monique Léonard, on peut identifier neuf textes qui ont été nommés « dits » par au moins un copiste et/ou par la critique moderne entre le milieu du XIIe siècle et le tout début des années 1200 (j'exclus de cette liste le cas de *L'Escoufle*, déjà mentionné) : le *Roman des romans* (milieu du XIIe siècle) ; *De l'hiver et de l'été* (vers 1160-1190) ; les *Vers* de Thibaut de Marly (vers 1182-1185) ; les *Vers de la mort* d'Hélinand de Froidmont (vers 1195) ; les *Congés* de Jean Bodel (vers 1202) ; le *Roman des ailes*, le *Songe d'Enfer* et le *Dit* de Raoul de Houdenc (tous trois vers 1200) ; et la *Voie de Paradis* (début du XIIIe siècle).

De cette liste on peut déjà exclure quatre titres qui ne sont nommés *dits* que par certains critiques modernes (un des critères de rétention chez Léonard) : le *Roman des romans* est constamment nommé « roman des romans » par les copistes qui lui donnent un titre en rubrique ou en explicit, ce qui est logique, puisque c'est le titre que le texte se confère lui-même. *De l'hiver et de l'été* ne reçoit aucun titre dans son unique manuscrit (London, British Library, Harley, 2253) ; quant aux *Vers* de Thibaut de Marly, lorsqu'ils reçoivent un titre, c'est soit « vers », soit, dans un cas unique, « L'estoire li romans monseignor Tiebaut de Mailli », ce qui ne nous arrange guère (Paris, BnF, fr. 25405, f° 109r^o). La *Voie de paradis*, enfin, est systématiquement nommée « voie de paradis » ou « songe de paradis ».

LES *VERS DE LA MORT* D'HÉLINAND DE FROIDMONT

Les choses deviennent nettement plus intéressantes lorsqu'on s'intéresse aux *Vers de la mort* d'Hélinand de Froidmont (Hélinand de Froidmont, éd. Wulff *et al.*, 1905). Le texte nous a été transmis par une trentaine de témoins : ceux-ci l'intitulent massivement *vers de la mort*, mais huit cas particuliers méritent d'être commentés dans la mesure où leur incipit et/ou leur explicit opère un choix de désignation différent. Je présente ces manuscrits dans leur ordre chronologique présumé.

Chest li livres de le mort (Paris, BnF, fr. 23112, f° 116r°, incipit – XIIIe siècle, Picardie)

Incipiunt versus de morte (Madrid, Biblioteca nacional, 9446, f° 56r°, incipit – XIIIe siècle, Normandie)
Chi definne le flabel de la mort (Madrid, Biblioteca nacional, 9446, f° 58r°, explicit)

Le dis de le mort (Bruxelles, KBR, 9411-9426, f° 20v°, incipit – XIIIe siècle, après 1230)

Ci faut li roumanz de la mor. Aprés il n'aura nul resort (Paris, BnF, fr. 19531, f° 163r°, explicit – fin XIIIe siècle, Picardie)

Incipit romanum de morte (Paris, Arsenal, 5201, p. 228, incipit – vers 1300, Dijon)
Explicit li romanz de la mort (Paris, Arsenal, 5201, p. 228, explicit)

Ci commence .i. dit des vers de la mort (Paris, BnF, fr. 23111, f° 317r°, incipit – fin XIIIe-début XIVe)

Ici comaince le romens de la mort (Paris, BnF, fr. 1807, f° 109r°, incipit du rubricateur – XIVe siècle)
Ici fenist le fabliau de la mort (Paris, BnF, fr. 1807, f° 113v°, explicit du copiste)

[P]our ce que j'ai fait mencion
[D]e mort, qui a corrupcion
[T]out met, un ditié en escript
[M]is ai ; je ne sai qui le fist.
[I]l est pourfitable, ce cuit,
[O]r l'escoutés, ne vous ennuit
[*vers manquant*]
Plus volentiers lire l'orrés.
(Paris, BnF, fr. 12483, f° 59v°, incipit – deuxième quart du XIVe siècle, Paris)

Ces huit cas particuliers révèlent une certaine instabilité dans l'identification générique du texte, sans doute pour cause : lorsqu'Hélinand l'écrit, il crée sinon un genre, du moins une forme, s'il est bien l'inventeur de la strophe dite hélinandienne, et son texte est donc dès l'origine difficile à situer. Certaines de ces appellations sont particulièrement curieuses : appeler les *Vers de la mort* un *flabel* ou un *fabliau* ne laisse pas de surprendre, même si l'on ôte à l'étiquette *fabliau* ses connotations comiques et qu'on se restreint à un sens de « fable, histoire inventée ». Surtout, la deuxième occurrence du mot *fabliau* se trouve dans un manuscrit du XIVe siècle, à une date où l'on pourrait s'attendre à ce que le mot ait développé un sens générique rigide (et qui devrait en principe exclure un texte tel que les *Vers de la mort*). Peut-être est-ce le sème « forme brève en vers » qui l'emporte dans le choix de cette désignation ? Il en va de même avec les emplois du mot *roman* : les trois témoins qui nomment le poème d'Hélinand un roman sont tous de la fin du XIIIe siècle ou du XIVe siècle, à une date où le sens générique spécifique du mot *roman* est tout de même bien entériné[6].

Or les *Vers de la mort* ne ressemblent guère à un roman ; en fait, ils correspondent assez bien aux critères définis par Jacqueline Cerquiglini-Toulet pour caractériser le dit : la discontinuité, avec cette succession de strophes recommençant chaque fois avec une apostrophe à la mort ; l'énonciation à la première personne et au présent ; et la volonté d'enseignement. Pourtant l'appellation *dit* n'est pas dominante dans ces huit manuscrits, et elle ne devient pas plus systématique dans les témoins plus tardifs. En d'autres termes, les copistes ne cherchent pas particulièrement à normaliser le texte en le ramenant à un genre désormais bien identifié – ou plutôt ils le font, mais en le ramenant à des genres différents en fonction du copiste, et même, au sein du même manuscrit, en fonction du rubricateur ou du copiste (dans le cas de Paris, BnF, fr. 1807).

Ces huit cas, bien sûr, ne sont pas majoritaires ; mais ils révèlent un degré de flottement qui peut surprendre, et qui montre que l'identification de ce texte comme un dit, malgré la dette que le genre du dit a envers lui par la suite, et malgré les caractéristiques internes qu'il manifeste, ne va pas de soi, même à date tardive.

---

6   Le manuscrit Paris, BnF, fr. 1807 présente un intéressant désaccord entre le copiste et son rubricateur ; le premier appelle les *Vers de la mort* un *fabliau* dans son explicit, alors que le second l'avait nommé un *romens* dans son incipit à l'encre rouge (écrit dans une main visiblement différente). Dans les deux cas, la désignation laisse pourtant perplexe le lecteur moderne.

LES *CONGÉS* DE JEAN BODEL

Le cas des *Congés* de Jean Bodel (Ruelle, 1965, p. 83-104) est plus simple, et je passerai rapidement dessus. Sur les sept témoins médiévaux, cinq intitulent le texte *congés* au début et/ou à la fin. Deux, toutefois, procèdent autrement.

> Et ci aprés des dis Jehan Bodel (Paris, BnF, fr. 375, fº 162rº, incipit – entre 1289 et 1317, Arras)
> Ci falent li dit Jehan Bodel li sisismes (Paris, BnF, fr. 375, fº 163rº, explicit)
>
> Un dis de Jehan Bodel le messel (Torino, Biblioteca nazionale universitaria, L.V.32, fº 46vº – fin XIIIᵉ siècle[7])

Dans le premier cas, l'emploi de *dits* au pluriel n'est pas forcément une appellation générique et pourrait renvoyer simplement aux « paroles » de Jean Bodel. Dans le cas du manuscrit perdu de Turin, la charge générique est plus nette et semble bien renvoyer le texte de Jean au genre du dit.

Quant aux sept témoins qui emploient le terme *congé*, ils livrent une information générique ambiguë. Trois interprétations semblent envisageables. Première possibilité, le mot *congé* est un simple descripteur thématique et n'a aucune vocation générique ; il indique simplement que le lecteur a affaire à un texte où Jean Bodel prend congé. Deuxième possibilité, le mot *congé* a une valeur générique, il désigne un micro-genre poétique de la région d'Arras, illustré par deux autres poètes, Adam de La Halle et Baude Fastoul (et peut-être d'autres qu'on a perdus), et dans ce cas, le mot *congé* et le mot *dit* s'excluent mutuellement. Troisième possibilité, enfin, le mot *congé* a une valeur générique compatible avec le mot *dit* : le congé est une sorte de dit, un sous-genre si l'on veut, et dans ce cas il ne faut pas surinterpréter l'existence de manuscrits qui choisissent un terme plutôt que l'autre.

Le même commentaire, au demeurant, aurait pu être formulé au sujet d'Hélinand : les copistes qui choisissent d'intituler le texte d'Hélinand

---

7   Manuscrit détruit dans l'incendie de 1904 ; une copie de Lacurne de Sainte-Palaye existe sous la cote Paris, BnF, Moreau 1727.

vers de la mort n'excluent en rien que ces vers constituent un dit, et inversement. Le dit est un genre plutôt combinatoire : un dit peut-être *à la fois* un dit et autre chose.

RAOUL DE HOUDENC, AUTEUR DE DITS ?

J'en viens au dernier auteur, Raoul de Houdenc. Monique Léonard identifie quatre dits attribuables à Raoul (Léonard, 1996, p. 233-234) : le *Roman des ailes*, le *Songe d'Enfer*, le *Dit* (ou *Bourgeois Bourgeon*) et la *Voie de Paradis*. L'attribution de la *Voie de Paradis* à Raoul a depuis été largement discréditée et, comme je l'ai signalé plus haut, le texte ne reçoit le nom de *dit* dans aucun de ses manuscrits ; on ne s'attardera donc pas dessus.

Quant aux trois autres textes, il est certain qu'ils exhibent tous trois certaines caractéristiques internes propres au dit : le *je* qui parle, la posture cléricale, l'aspect de liste, notamment. Et Raoul serait le premier auteur à écrire non pas *un* dit, mais *des* dits : symptôme, s'il en est, de l'émergence d'une conscience générique autour de la forme, même si l'auteur lui-même n'emploie pas explicitement le terme de *dit*.

Les choses se compliquent, toutefois, lorsque nous regardons les manuscrits de ces trois textes. Le *Roman des ailes* (Raoul de Houdenc, 1983), titre employé par Raoul lui-même dans son texte, n'est jamais nommé un dit dans les six manuscrits préservés, qui préfèrent indiquer *roman des eles* ou simplement *des eles*. Le manuscrit Torino, BNU, L.V.32 (déjà mentionné pour les *Congés* de Jean Bodel), comporte en revanche l'incipit suivant : « C'est li lais des .vii. eles » (f° 78r°). Cette appellation de *lai* se retrouve également dans l'inventaire de la bibliothèque de Jean II d'Avesnes à la fin du XIIIᵉ siècle, qui liste « I livret dou lait des eles » (Dehaisnes, 1886, p. 157). L'emploi du mot *lai* est curieux pour ce texte ; tout au plus peut-on supposer qu'il constitue une façon – peut-être maladroite – de corriger la désignation *roman* en insistant sur le sème de brièveté contenu dans *lai*. Dans ce cas, le mot *lai* aurait ici la même fonction qu'avait le terme *fabliau* dans les quelques témoins des *Vers de la mort* qui l'employaient : il désigne un forme brève versifiée, sans préjuger du contenu.

Le *Songe d'Enfer* (Raoul de Houdenc, 1984), quant à lui, est préservé dans dix témoins. Conformément au titre employé par Raoul lui-même, la plupart de ces manuscrits intitulent le texte *songe d'enfer* ou *voie d'enfer*. Le mot *dit* n'est jamais employé. On trouve toutefois deux cas intéressants, que voici :

> Ci commence le romaunz de enfer, le sounge Rauf de Hodenge de la voie d'enfer (Oxford, Bodleian Library, Digby 86, f° 97v°, incipit – fin du XIII° siècle, Angleterre[8])
>
> Ci coumence li favliaus d'infer (Paris, BnF, fr. 2168, f° 80v°, incipit – fin du XIII° siècle, Picardie)

Comme pour les *Vers de la mort* d'Hélinand, on voit resurgir ici les mots *roman* et *fabliau*, même si le manuscrit d'Oxford, non content de se résigner à un seul terme, semble multiplier les appellations possibles, en intégrant d'autres variantes trouvées dans la majorité des manuscrits (*songe d'enfer, voie d'enfer*). Sans doute la nature personnelle de ce manuscrit explique-t-elle cette typologie foisonnante. Quant au manuscrit de Paris, il réintroduit le mot fabliau qu'on avait trouvé ponctuellement chez Hélinand et pour le *Roman des ailes*, confirmant encore l'hypothèse d'un usage purement formel du mot, sans charge thématique particulière.

Le *Dit* (Thorpe, 1952), enfin, présente le cas de figure à la fois le plus clair et le plus complexe. Ce texte survit dans deux témoins, et le titre que je lui donne vient d'un seul des manuscrits, qui contient une note marginale d'une main du XIII° siècle au début du texte : « Li dis Raoul de Hosdaing » (Nottingham, University Library, WLC/LM/6, f° 350r° – deuxième moitié du XIII° siècle). Dans ce manuscrit, le prologue du texte se présente ainsi :

> [E]ncontre le dolc tans qui vient
> Me plaist, por ce qu'il m'en sovient,
> Que je die un fablel novel.
> J'ai tort quant je fablel l'appel,
> Car ce n'est me fabiliaus : non,
> Il n'a de fablel fors le non,
> Car li dit en sont veritable ;

---

8   Le manuscrit a sans doute été copié par Richard II de Grimhill pour son propre usage (Pope, 2021).

Por tant l'appel fablel sans fable
Que Raöls de Hosdaing commence.
(Thorpe, 1952, v. 1-9)

Le prologue emploie le mot *dits* au pluriel, au sens de « propos » ; mais ce court début de neuf vers manifeste tout de même une volonté de la part de Raoul de définir un nouveau genre, un « fablel sans fable », pour reprendre son expression. On touche à l'émergence d'une conscience générique, peut-être, ici.

Malheureusement, le deuxième témoin, pourtant plus tardif, emploie simplement le titre de *Bourgeois Bourgeon* (repris par Thorpe dans son édition de 1952) : « Ci comance de borjois borjon » (Bern, Burgerbibliothek, 354, f° 114r°, incipit – xive siècle, Bourgogne). Le prologue diffère et ne contient pas de section méta-textuelle comparable à celle du manuscrit de Nottingham. Le manuscrit de Berne est, de surcroît, un recueil de fabliaux ; l'inclusion du *Dit* (ou *Bourgeois Bourgeon*) en son sein colore donc inévitablement la lecture générique qu'en ferait un public médiéval[9]. On remarquera tout de même, encore une fois, la rencontre du dit et du fabliau dans ce manuscrit, corroborant une tendance marginale que nous avons rencontrée déjà dans quelques manuscrits d'Hélinand et de Raoul.

TROPISMES ET DIVERGENCES

Avant de conclure, quelques remarques sur les manuscrits eux-mêmes, justement : le lecteur aura peut-être remarqué que certains d'entre eux sont revenus d'un texte à l'autre. L'examen que nous avons fait des appellations de ces textes par les copistes et les rubricateurs nous a laissé avec une impression de dispersion : ces textes qui ne sont peut-être pas des dits, ne sont peut-être, après tout, vraiment pas des dits. Mais lorsqu'on regarde l'entourage manuscrit de certains d'entre eux, les choses se précisent parfois dans l'autre sens.

Ainsi, le manuscrit de Turin (détruit dans l'incendie de 1904) rassemblait les *Congés* de Jean Bodel et le *Roman des ailes* de Raoul de Houdenc,

---

9   Sur ce manuscrit, voir notamment Busby (2002, p. 443-447).

comme on l'a vu ; mais il contenait également, parmi les autres textes mentionnés, les *Vers de la mort* d'Hélinand et la *Voie de paradis* ; et ces textes s'y trouvaient rassemblés avec une cinquantaine d'autres, dont un très grand nombre de dits, de la main (entre autres) de Rutebeuf, Baudouin de Condé, Jacques de Baisieux ou encore le Reclus de Molliens. L'inclusion de ces œuvres précoces dans un manuscrit de dits, même si nos textes spécifiques n'y sont pas désignés comme des *dits* explicitement, tend à suggérer très fortement une identification générique.

Dans le même esprit, le manuscrit de Bruxelles contient, comme nous l'avons vu, les *Vers* d'Hélinand sous le nom de *dit*. Il comporte aussi les *Congés* de Jean Bodel et la *Voie de paradis* ainsi que, parmi la grosse trentaine d'autres textes qu'il rassemble, une grande majorité de dits, dus notamment à Rutebeuf et à Baudouin de Condé. Ces deux témoins sont des exemples de manuscrits qui ne sont pas simplement des recueils de textes brefs, mais des collections centrées sur une idée générique.

À l'issue de ce parcours, il semble vain d'identifier l'un ou l'autre des textes que nous avons vus comme étant « le premier dit », tant les auteurs sont silencieux et tant les copistes sont hétéroclites dans leurs solutions. L'aspect le plus notable de cette hétérogénéité est sans doute sa durabilité : les désignations génériques de ces textes ne se stabilisent absolument pas au fil de leur histoire manuscrite. Il est intéressant de constater que des textes composés dans une période d'émergence générique, sans identité encore bien différenciée, continuent de dérouter les copistes plusieurs décennies, voire plusieurs siècles après ; on constate le même phénomène dans les manuscrits de la *Chanson de Roland*, par exemple, dont un seul sur les sept complets appelle le texte une *chanson*, tandis que tous les autres emploient des termes comme *roman* ou *livre*, y compris des témoins tardifs ; et le seul témoin qui emploie le mot *chanson*, le manuscrit de Lyon, Bibliothèque municipale, 743, a été copié vers 1300, à peu près à mi-chemin de la chronologie de la tradition manuscrite du *Roland*[10]. On pouvait craindre, à l'orée de cet examen, que la tradition manuscrite nous offre une perspective un peu trop en surplomb de ces premiers textes, et qu'elle lisse leurs aspérités en les

---

10 Pour plus de détails sur les désignations génériques du *Roland* dans ses manuscrits, voir Moran (2019).

rationalisant ; en réalité il n'en est rien, et le caractère hétéroclite des désignations scribales nous renvoie au contraire à la perspective à ras du sol que Jean-Marie Schaeffer appelait de ses vœux, face à des textes qui, de par leur nature inaugurale, ont vocation à être beaucoup de choses à la fois : c'est à la tradition subséquente d'opérer, si elle le souhaite, un travail de sélection dans ce foisonnement premier.

Patrick MORAN
University of British Columbia

FAÇONS DE DIRE

Le cas du *Ci nous dit*

Le projet de tenter à nouveaux frais une définition du dit comme genre littéraire et d'en esquisser une histoire du XIIIᵉ au XVᵉ siècle est pour le moins ambitieux. Le corpus sur lequel s'appuyer est vaste et compterait au bas mot 684 textes qui « ont été, à un moment ou à un autre présentés comme des *dits* » (Léonard, 1996, p. 351), suivant le critère retenu par Monique Léonard dans la thèse d'état qu'elle a soutenue en 1993 et dont une partie a été publiée en 1996. Au défi posé par le sujet de cet ouvrage, qui conduit à explorer un champ d'investigation totalisant plus de 324 000 vers, je propose de lire, en sus et à côté de cette textualité foisonnante, un ensemble de textes qui, sans doute à raison, n'est pas traditionnellement présenté comme une série de dits, alors que le titre sous lequel il est déjà connu dans les bibliothèques médiévales mettait pourtant clairement en évidence le verbe *dire*.

Réunissant près de 800 textes narratifs brefs commençant pratiquement toujours par la formule « Ci nous dit », le recueil, connu sous ce titre, offre un répertoire d'une grande richesse pour quiconque s'intéresse à l'évolution des formes brèves dans la littérature vernaculaire du Moyen Âge. Il s'agira d'étudier ici la présence du verbe *dire* au seuil de ces récits brefs exemplaires, en relation avec l'usage du substantif *dit* pour désigner, à la même époque, d'autres textes brefs en vers. Suivant que l'on aborde la somme ou les parties, le *Ci nous dit* peut aussi bien s'inscrire dans la tradition du livre totalisant que relever de la miniature narrative (ce qui, dans ce cas, suppose également un rapport particulier à l'image). Ce texte martèle le verbe *dire* pour délimiter chacun des textes brefs qui, pour la majorité d'entre eux, bénéficient d'une certaine autonomie, tout en les organisant dans un ordre concerté et significatif. Il s'agira d'aborder le caractère singulier de cette compilation, en s'intéressant plus particulièrement à la forme des textes brefs qui la composent, tout en les mettant en relation avec le statut du dit narratif au début du XIVᵉ siècle, période de rédaction du *Ci nous dit*.

QUAND DIRE, C'EST FAIRE VOIR

Composé entre 1313 et 1330, peut-être par un religieux de la région
de Soissons, le *Ci nous dit* est un recueil de 780 textes à visée didactique, appelés « exemples moraux » d'après la table médiévale en tête
de trois manuscrits[1]. Le livre se présente dans le prologue comme une
compilation d'autorités organisée d'abord autour de quelques-uns des
principaux épisodes de l'histoire sainte (Création, Nativité, Passion), puis
de traités sur les Vices et les Vertus, la Vanité et les Châtiments divins.
La dernière moitié, centrée sur la conversion, insiste sur les enjeux de la
prédication et la nécessité de l'humilité, des bienfaits de la confession,
de la messe et de la méditation chrétienne. Les derniers feuillets sont
consacrés à des vies de saint, à travers lesquelles sont intégrés des miracles
de Notre-Dame et des épisodes de la Légende du bois de la Croix, avant
une conclusion générale sur les « Fins dernières ».

Connu à ce jour par vingt manuscrits, le texte du *Ci nous dit*, rela-
tivement stable, a été édité en 1979 par Gérard Blangez. Certes, des
manuscrits omettent certains chapitres et un manuscrit (incomplet)
présente une sélection et une organisation assez personnelle des épisodes
(Paris, BnF, Arsenal, 2059), tandis qu'un autre semble avoir été copié
d'après le système de la *pecia*, agençant les séquences de manière plutôt
inattendue (Paris, BnF, fr. 17060). Cependant, outre ces trois cas un peu
particuliers, la tradition textuelle permet d'établir une série de textes
qui circulent dans l'ensemble du domaine d'oïl entre 1330 et la fin du
xve siècle sous une forme somme toute assez peu mouvante et dans un
ordre généralement fixe.

L'étude de la réception de ce texte, que le prologue appelle « une
Conposition de la Saincte Escripture », révèle que, dès les années 1370,
il est connu d'après la formule récurrente qui permet le découpage
des différents récits : « Ci nous dit ». C'est sous ce titre qu'il apparaît
dans l'explicit d'un manuscrit daté du dernier tiers du xiv[e] siècle[2],
dans l'inventaire de la Bibliothèque du Louvre (dressé en 1373), qui
en compte deux exemplaires (Paris, BnF, fr. 2700, f[o] 7r[o] et 13r[o]), sans

---

1   Paris, BnF, fr. 9576, f[o] 3r[o]a.
2   « Cy fine la Table de ce livre appelé Cy nous dit » (Paris, BnF fr. 9576, f[o] 18v[o]).

compter celui qui se trouve à Saint-Germain-en-Laye sous le même titre d'après l'inventaire de 1380 des meubles du roi Charles V (Paris, BnF, fr. 2705, fº 192rº). C'est encore sous ce titre qu'on le trouve dans l'inventaire de la Librairie du duc Jean de Berry, établi entre 1413 et 1416, et dans ceux de la librairie des ducs de Bourgogne, en 1457 et en 1485, qui en recensent quatre exemplaires.

Si le titre long, proposé dans le prologue, était préservé en 1420 dans l'inventaire de la librairie de Philippe le Bon, l'intitulé *Ci nous dit* s'était pourtant déjà lexicalisé en 1387, y compris dans l'espace bourguignon, comme en témoigne une certaine confusion dans un état de compte établi pour le libraire parisien Martin Lhuillier qui avait « relyé, nettoié, doré et couvert en empraintes [un] romans nommé *Sinodich* » à l'intention de Philippe le Hardi (Dijon, Archives départementales de Côte d'Or, B1471, fº 48vº). Une confusion du même ordre s'était vraisemblablement produite dans l'inventaire des meubles de Charles V en 1380, où il était question d'un livre ayant appartenu à la reine Jeanne de Bourbon « appelé Synodit » (Paris, BnF, fr. 2705, fº 186vº). À travers ces exemples, il apparaît nettement que le titre *Ci nous dit* est, dès la fin du XIVe siècle, le titre usuel de ce recueil qui connaît une popularité remarquable, notamment dans les cercles du pouvoir, au point de se lexicaliser.

L'analyse grammaticale de la forme initiale invite par ailleurs à souligner la fonction du pronom personnel qui n'est pas ici sujet du verbe *dire*, mais bien régime indirect. La P4 dans « Ci nous dit » a également pour effet d'englober le locuteur et l'allocutaire qui se retrouvent ainsi en position non prédicative. L'adverbe attendu en tête de proposition, avant le pronom personnel conjoint, situe le discours dans l'espace et dans le temps, mais l'objet de cet acte de parole reste hors du titre. Cette formule a pour effet d'autonomiser le verbe *dire* dans un emploi intransitif dont l'objet reste latent. Dans un lieu circonscrit (*ci*) et devant une voix qui subsume la subjectivité du locuteur et des allocutaires (*nous*), le fait de *dire* semble se suffire à lui-même.

Bien que, dans le corps du texte, le verbe *dire* de la formule inaugurale se construise généralement avec une proposition complétive, le caractère figé de l'expression est patent à travers des constructions asyntaxiques nombreuses : le verbe *dire* reste souvent sans complément et la formule est alors suivie d'un complément circonstanciel, qui engage véritablement le récit[3], ou d'une proposition indépendante simplement juxtaposée[4]. La relative autonomie de la formule introductive par rapport au récit lui-même est particulièrement évidente dans un cas où le verbe *dire* se trouve dans la proposition qui ouvre le récit où il a, cette fois, un sujet grammatical explicite :

> Ci nous dit, aucunnes histoires dient qu'au temps de Mardocheus regnoit Alixandres (chapitre 277).

Seul le manuscrit de Chantilly corrige cette étonnante construction en omettant le « aucunnes histoires dient ». La leçon de tous les autres manuscrits révèle alors, après un *dire* quelque peu désincarné (celui du *ci nous dit*), un discours assumé par des sources multiples et fiables : celui des *aucunnes histoires*[5]. À deux occasions, la formule introductive se voit elle-même dotée d'un sujet grammatical. Au chapitre 14, le Saint-Esprit se révèle derrière le verbe *dire* :

> Ci nous dit le Sains Esperiz par le prophete : Misericorde et Verité s'entrencontrerent et Justice et Paiz s'entrebasierent (chapitre 14).

Par l'intermédiaire du prophète, c'est l'inspiration divine qui anime le discours édifiant proféré pour nous, ici et maintenant.

La seule autre occurrence où le verbe *dire* de la formule *Ci nous dit* est pourvu d'un sujet grammatical donne une indication non pas sur

---

3   Chapitre 6 : « Ci nous dit, quant li anemis tempta Eve, il li monstra une bele face... », chapitre 20 : « Ci nous dit, quant li anemis parla a Eve nostre premiere mere, si li dist... », chapitre 22 : « Ci nous dit, quant Nostre Dame out concheue a l'annonciation de l'archangre, si s'en ala veoir saincte Elizabeth sa cousine... », chapitre 64 : « Ci nous dit, quant li enfant de Jacob ourent vendu Joseph leur frere aus marchans d'Egypte, si enssanglanterent sa robe... », chapitre 65 : « Ci nous dit, quant il fu crucefiez, si resguarda sa tres doulente mere... », chapitre 103 : « Ci nous dit, au jour que li debonnaires Jesucriz soufri mort en la croiz, li temps estoit bien ordenez... ».

4   Chapitre 102 : « Ci nous dit, il est une maniere d'oisiaus qu'en apelle caladriz... », chapitre 104 : « Ci nous dit, li ollifans est une pereceuse beste... », chapitre 124 : « Ci nous dit, en sacrefie en Grece le coprs Jesucrist ou saint sacrement de l'autel... », chapitre 128 : « Ci nous dit, un Juiz vit un anemi... », chapitre 131 : « Ci nous dit, Meistre Hue de Saint Victor estoit si malades qu'en ne li osoit donner Notre Segneur... », chapitre 132 : « Ci nous dit, uns cordelliers nez de Millent reprenoit son pere... ».

5   Rappelons simplement ici que le sens du terme *estoire*, à l'instar de l'*historia*, comporte une valeur de vérité qui le distingue d'autres formes narratives, notamment la *fabula*.

la source, inspirée et divine, de la parole qui s'énonce, mais plutôt sur la forme que prend ce discours :

> Ci nous dit une similitude, comment .II. pelerins demandent le chemin un loingtain veage (chapitre 227).

Dans ce contexte, la similitude n'est pas une simple comparaison ; elle se présente comme une modalité importante de l'analogie, centrale dans l'herméneutique médiévale. Elle relève également des figures du discours définies par la *Rhétorique à Herennius*, comme « une figure de style qui applique à quelque chose un trait semblable emprunté à une chose différente[6] ». Dans le cas du *Ci nous dit*, suivant le principe décrit par Thomas d'Aquin, la similitude fait le lien entre Dieu et les créatures et permet le transfert du sensible vers l'abstrait (ici le choix entre deux chemins pour les pèlerins et les choix de vies qui s'offrent au chrétien)[7].

Dans son développement, la *Rhétorique à Herennius* présente encore comme une des fonctions de la *similitudo* le fait de « mettre la chose sous les yeux ». À partir de ce rôle que l'art de rhétorique accorde à la similitude, la fonction proprement déictique des récits du *Ci nous dit*, qu'ils relèvent ou non explicitement de la comparaison, s'exprime très nettement dans quatre chapitres où le verbe *dire* de la formule inaugurale est remplacé par le verbe montrer :

> Chapitre 430 : Ci nous est monstrez li grans secrez de confession.
> Chapitre 431 : Ci nous est monstré comment Nostre Sires nous ainme tres lealment.
> Chapitre 433 : Ci est monstré conment cil sont fol qui s'amusent a penser a predestination.
> Chapitre 440 : Ci est monstrez li grant peril de demourer en esconmeniement.

Cet exorde concurrent (l'un des rares à l'incipit de nos quelques 800 récits) se trouve en tête de ces chapitres dans tous les manuscrits. La substitution est éloquente et souligne l'équivalence dans notre texte entre *dire*

---

6   « *Similitudo est oratio traducens ad rem quampiam aliquid ex re dispari simile* » (*Rhétorique a Herennius*, éd. et trad. Achard, 1989, IV, 59).

7   « *In quibusdam creaturis sensibilibus magis fit transsumptio in divina per metaphoricas locutiones quam etiam ab ipsa mente* » (Thomas d'Aquin, *Questions disputées sur la vérité...*, trad. Ong-Van-Cung, question X, article 7). « Mais la transposition dans les locutions métaphoriques va plus de certaines créatures sensibles à Dieu que de l'esprit lui-même à Dieu » (*ibid.*, p. 91-92).

et *montrer.* Or les valeurs d'emplois de *montrer* en ancien français relèvent à la fois du domaine de la présentation et de la représentation, au sens de « faire voir[8] », mais également du domaine didactique, au sens de « faire connaître, enseigner[9] ». Le dire du *Ci nous dit* peut donc bien, au sein du recueil, prendre ponctuellement une dimension explicitement didactique et déictique, renforcé dans la formule par la présence de l'adverbe *ci*. Dire, c'est bien là « faire voir et faire connaître ».

Cette dimension proprement visuelle du dit rejoint l'hypothèse de Gérard Blangez pour qui la formule « Ci nous dit » devrait être entendue comme « Cette image nous dit », postulant une relation étroite entre le texte et les images dans les manuscrits les plus anciens du *Ci nous dit*, à l'instar du manuscrit de Chantilly (*Ci nous dit...*, éd. Blangez, 1979, p. XIV)[10]. Si la critique n'a plus que ce seul manuscrit comme preuve matérielle pour étayer cette hypothèse, elle peut néanmoins s'appuyer sur une autre preuve textuelle. Au début du chapitre 67, une référence à l'image apparaît clairement dans le texte : « Conme Adam out pechié, si pout faire Nostre Sires contenance d'un honme courouchié, lui embrachié de ses mains si conme cest ymage nous represente ». L'enluminure, qui précède ce texte dans le manuscrit de Chantilly, représente en effet un Christ en majesté qui se croise les bras en signe de courroux (Chantilly, Bibliothèque du château, 26 [*olim* 1078], f° 43rº). Le mouvement mimétique est démultiplié puisque le Christ fait « contenance d'un honme courouchié », c'est-à-dire qu'il adopte la posture d'un homme affligé, en reproduisant les gestes attendus (« lui embrachié de ses mains »), eux-mêmes illustrés par l'enluminure qui accompagne le texte (« si conme cest ymage nous represente »).

Illustrer, faire voir, démontrer : par ces moyens, le fait de dire prend une forme concrète. La parole s'ouvre sur une dimension matérielle et

---

8   Par exemple, dès *Le Voyage de saint Brendan* : « Mais de une rien li prist talent / Dunt Deu prïer prent plus suvent / Que lui mustrast cel paraïs » (Benedeit, éd. et trad. Short *et al.*, 2006, v. 46-49).

9   Par exemple, « L'apostole Califre commenche a sarmonner / A la gent sarrasine, qui Deus puis mal donner : / La vie Mahommet lor commenche a monstrer » (*Vivien de Monbranc* [*ca.* 1250], éd. van Emden, 1987, v. 35-37) ou encore « Sa sainte vie [*celle de Joseph (fils de Jacob)*] sans nul mas / Montre que ne l'ocïens pas » (*La Bible de Jehan Malkaraume*, éd. Smeets, 1978, t. 2, v. 2192-2193). On peut également citer l'exemple particulièrement éloquent que l'on trouve chez Béroul : « Li rois li mostre sa parole » (Béroul, éd. et trad. Payen, 1980, v. 616).

10   Voir également Heck (2011).

physique pour mieux atteindre (par le principe de la *similitudo*) à un idéal spirituel. Ce sont là précisément les transformations de la parole auxquelles est invité le prédicateur dans le prologue que donne Jacques de Vitry au recueil d'*exempla* connu comme *Sermons pour la multitude ou selon la condition des personnes* (*Sermones vulgares vel ad status*) :

> *Relictis enim verbis curiosis et politis, convertere debemus ingenium nostrum ad aedificationem rudium et agrestium eruditionem, quibus quasi corporalia et palpabilia et talia quae per experientiam norunt frequentius sunt proponenda. Magis enim moventur exterioribus exemplis quam auctoritatibus vel profundis sententiis*[11].

Les relations que le dit entretient avec l'*exemplum* trouve ici une dimension moins générique que rhétorique[12] ; conformément aux principes édictés par la *Rhétorique à Herennius*, s'ajoute aux fonctions de la *similitudo*, qui recoupent les fonctions du discours (*placere, probare, docere*), une quatrième fonction : *ante oculos ponere*, que le *Ci nous dit* prend au pied de la lettre.

QUAND DIRE, C'EST FAIRE ENTENDRE

S'il s'agit pour une large part de « mettre sous les yeux », il n'en demeure pas moins que le verbe *dire*, qui vient ponctuer le recueil, a d'abord une nette dimension orale. Au cœur du recueil une section consacrée au « Fruit de la prédication » insiste ainsi sur l'importance de l'écoute en multipliant les récits qui mettent de l'avant des situations où le salut vient du fait d'avoir été exposé à la parole divine (chapitre 306, par exemple). L'importance d'écouter la prédication et, surtout, de faire fructifier cette parole entendue, à l'exemple de la parabole du semeur (chapitre 308) ou à l'instar de saint Matthieu qui a répondu à l'appel

---

11   Paris, BnF, lat. 17509, f° 2v°. « Délaissant en effet les mots recherchés et polis, nous devons consacrer notre talent à l'édification des gens frustes et à l'enseignement des paysans, auxquels il faut assez souvent proposer des choses quasi corporelles et palpables, de même nature que celles qu'ils connaissent par expérience. Ils sont plus touchés en effet par des exemples concrets que par des autorités ou par des sentences profondes » (Jacques de Vitry, trad. Gasnault, 1985, p. 50).

12   Monique Léonard compte vingt-six textes qui sont nettement caractérisés par les substantifs *exemples* ou *essamplaires*.

du Christ (chapitre 310). Savoir écouter, avant même de développer les sens cachés du mot, c'est s'ouvrir à la littéralité du récit.

L'exemple est manifeste avec le chapitre 314 rapportant l'histoire d'« uns josnes moingnes innocens » qui a compris littéralement le prêche prononcé par l'abbé, la veille de Pentecôte, où il affirmait que « qui bien feroit son lit, Nostre Sires se vendroit couchier ovecques lui ». L'analogie avec le « lit de conscience » qu'entendait le prédicateur (c'est précisément ce verbe *entendre* que le texte retient) échappe au jeune moine. L'innocence de celui qui a écouté le prêche et a prêté foi au sens littéral est récompensée par le Christ qui, la nuit venue, prend l'apparence d'un enfant et se glisse dans le lit du jeune moine. Écouter et prêter foi à la parole du prédicateur sont à la base du salut, avant même les qualités d'interprète et d'herméneute qui permettent de déployer le sens des récits.

Qui plus est, avant même d'être interprété, ce qui a été entendu doit être transmis ; c'est ce qu'illustre le récit d'une béguine vouée à deux ans et huit jours de purgatoire pour n'avoir pas raconté « les bons mos qu'[elle] avoi[t] oï preschier » (chapitre 316) et d'un prud'homme qui veut garder pour lui « un bon mot » qu'il avait entendu, se privant ainsi de tout savoir supplémentaire. Dire, c'est ici clairement transmettre ce que l'on a entendu, dans un cadre où la puissance de la parole est affirmée puisqu'elle peut faire advenir l'impensable, dès lors qu'elle tombe en terre favorable.

Le pouvoir de conversion de la parole du prédicateur s'accompagne, dans le *Ci nous dit*, de toute une section qui insiste sur la valeur de la parole dans la confession du pécheur. Là encore, cette parole n'a de sens que si elle est entendue. Un court récit en donne la parfaite illustration (chapitre 396) quand est évoqué un homme qui, au moment d'un naufrage, crie si fort ses péchés que, malgré son isolement, un prêtre l'entend et peut ainsi l'absoudre.

La parole dite n'aurait donc pas de sens pour elle-même. Elle est faite pour être entendue. Or le *Ci nous dit* exploite parfaitement la dialectique entre *oïr* et *entendre*. Il multiplie les occurrences d'interprétation de la portion narrative du texte introduite par « si pouons entendre » ou « c'est a entendre ». Au verbe *dire*, qui marque le début d'un nouveau récit à travers la formule « ci nous dit », le verbe *entendre* signale une articulation dans le texte, un mouvement herméneutique qui fait passer de la parole du conteur à l'explication du glosateur. L'art du prédicateur est bien de

savoir attirer l'attention à travers les images d'un récit édifiant, mais
pour peu que cette parole soit tombée en bonne terre, il suppose aussi
de faire entendre, c'est-à-dire de favoriser l'acquisition de connaissance,
la compréhension des choses essentielles au chrétien.

Le dit qui devient livre doit garder cette dynamique que supposait la
prédication orale. Il doit faire parler les couches de sens derrière l'image,
l'illustration qui peut accompagner le texte, mais surtout les images
qui se forment à travers la narration. Il faut à la fois les contempler,
les écouter et les méditer pour pouvoir entendre la leçon qui s'y révèle
à celui ou à celle qui le fait par dévotion. Ainsi de la jeune fille qui
allait à confesse « plus par coustume que par devotion » (chapitre 456)
et qui découvre le véritable amour du Seigneur dans la contemplation
du crucifix, alors précisément assimilé à un livre :

> Lors resguarda le livre des clers et des laiz : c'est le crucefiz ; qu'i n'a nulz si
> sages desoulz le ciel, se par amours et en pitié de ses soufrances le vuet res-
> guarder, qui touz les jours n'i puisse aprendre nouvelle leçon (chapitre 456, 5).

Le dit qui passe à l'écrit doit garder la force de la parole vive du prêcheur
et, comme dans la prédication, au-delà des mots proférés, amener à faire
entendre le Verbe, source du salut.

De même, le plaisir de *dire* pour raconter ou celui d'*écouter* un récit
ne prend son sens que dans le geste herméneutique qui suit et qui vise
à *entendre* le sens profond de la parole. Ainsi s'articulent bon nombre des
textes du *Ci nous dit* : une partie narrative qui s'inscrit sous l'égide du
verbe *dire* (« Ci nous dit ») et une partie explicative, moralisante, sous
celle du verbe *entendre* (« C'est a entendre »). La mission édifiante donne
un sens à la prise de parole et justifie même de s'éloigner de la vérité le
temps d'une histoire fabuleuse[13].

---

13 « *Sed etiam fabulas ex quibus veritatem edificationis dicimus intersecere aliquando valemus* » (Paris,
BnF, lat. 17509, f° 1v°d). « Nous pouvons même quelques fois glisser des fables en tirant
d'elles une vérité édifiante » (Jacques de Vitry, trad. Gasnault, 1985, p. 51).

QUAND DIRE, C'EST FEINDRE

De manière significative, parmi les rares incipits qui ne reprennent pas la formule « Ci nous dit », on trouve comme principale formule de substitution : « Ci commence une amoureuse finction » (chapitres 67, 76, 83). Le terme, qui renvoie étymologiquement à l'action de « faire quelque chose, fabriquer », comme l'atteste la leçon du manuscrit de Chantilly à l'incipit du chapitre 67, est bien perçu comme un équivalent de *fiction* ainsi qu'en témoignent les variantes des autres manuscrits (*MWSC*), qui donnent *fiction* au chapitre 67 et dans les titres détachés que le manuscrit *W* ajoute à ces trois passages. Or, dès ses plus anciennes occurrences en ancien français, ce terme est associé à l'idée de simulation et de tromperie[14]. Une occurrence d'un texte exactement contemporain du *Ci nous dit*, le *Dit de la queue de Renart* (*ca.* 1320), associe d'ailleurs explicitement fiction et renardie :

> Pour ce que j'ai fet mencïon
> De renardie et fictïon
> A ce que chascun droit regart,
> Aist et miex de pechié se gart,
> Quar fictïon ne renardie
> A Dieu ne plaisent n'a Marie,
> Un dité diray de Renart.
> Chascun de vous en a sa part.
> (*Dit de la queue de Renart*, éd. Lefèvre, 1998, v. 1-8)

Deux fois en quatre vers, la fiction est associée au domaine du mensonge et de la ruse. Qui plus est, le rejet de ces formes par Dieu et par la Vierge devrait suffire à les disqualifier, mais cette constatation au seuil du texte n'empêche pourtant pas le conteur de s'engager immédiatement à dire un « dité de Renart » où tout le monde devrait trouver son compte.

La stratégie de l'auteur du *Ci nous dit* est sensiblement différente. Il récupère la fiction pour des textes associés non pas à Renart mais plutôt à une origine divine :

---

14 La plus ancienne occurrence attestée par les dictionnaires se trouverait chez Gautier de Coincy dans le miracle 26 du deuxième livre des *Miracles de Notre-Dame* (éd. Koenig, t. 4, II Mir 26, v. 656).

Ci commence une amoureuse faicion atribuee a Nostre Segneur Dieu le tout puissant (chapitre 67).

Ci conmence une amoureuse finsion atribuee a Nostre Segneur Dieu le Père (chapitre 76).

Ci conmence une amoureuse finction atribuee a Nostre Segneur (chapitre 83).

L'adjectif *amoureuse* vient inscrire la fiction dans l'ordre de la charité chrétienne. La « fiction » n'est pas mensonge mais impression chargée d'alimenter la dévotion.

Dans le premier cas, celui du chapitre 67, cette « amoureuse fiction » a pour effet de déployer l'image initiale du Christ aux bras croisés après la Faute originelle. Après avoir décrit « ce que l'ymage nous represente », le texte poursuit en évoquant comment la venue de Moïse incita le Seigneur à étendre « son bras senestre » pour lui remettre les tables de la Loi. Le bras droit, quant à lui, n'est déployé que bien plus tard, au moment où survient « une gentil damoisele bele et douce, courtoise et sage, et tres debonnaire : Ce fu Amours » (chapitre 67, l. 7-8). L'Amour vient ainsi compléter l'ancienne Loi : le « nouveau commandement » (Jn 13, 34) qui institue l'Église chrétienne et, à l'instar de l'aimée du *Cantique des Cantiques* (Ct 6, 12), invite le pécheur à revenir vers elle.

Le récit s'achève sur le rappel du sacrifice de la Crucifixion, don suprême réitéré dans le Saint-Sacrement, avec au pied de la croix un nouveau don, celui de la Vierge-mère remise au disciple bien aimé, puis le don du Royaume au bon larron, pécheur repentant sauvé dans un ultime geste d'amour et de miséricorde. De ces épisodes, dont la valeur historique est alors incontestable, seule relève de l'élaboration d'une image poétique l'allégorie de l'Amour qui vient contraindre le Seigneur à étendre ses bras pour inviter à la Rédemption. Cette première « amoureuse fiction » recourt à l'image poétique (significativement absente de l'illustration) pour donner à voir ce qui ne relève pas du monde sensible mais qui donne son sens à la vie du chrétien : précisément l'amour de Dieu venu effacer le péché originel et instituer une nouvelle Loi.

La deuxième « amoureuse fiction », attribuée à Notre-Seigneur Dieu le Père, relate l'histoire d'un homme riche qui fait instruire son fils. Celui-ci se révèle si doué pour apprendre que, rapidement, l'élève dépasse le maître et le père donne alors au fils « le siege de ses jugemenz ». Ce récit est mis en relation avec le Christ, que le Père a mis « a l'escolle de

povreté », où son enseignement s'inscrit dans une expérience profonde de
la vie des hommes, jusqu'au sentiment d'abandon exprimé sur la croix.
Cette connaissance intime de l'homme laisse une place à la charité dans
le jugement du Fils, « vrai Dieu et vrai honme ». Ici encore, la fiction
n'est pas à un simulacre mensonger, mais bien l'illustration dans un
autre registre de ce que nous enseigne l'exemple divin.

La dernière « amoureuse fiction » combine deux *exempla* connus par
ailleurs : le legs de l'arbre et le tir à l'arc contre le père. Quatre fils, qui
se disputent un arbre légué par leur père, se rendent auprès d'un juge
qui propose de donner l'arbre à celui qui saura tirer une flèche au plus
près du cœur du cadavre du père attaché à l'arbre disputé. Les deux fils
les plus pauvres refusent de se prêter à l'exercice et prouvent ainsi qu'ils
sont ses vrais fils, tandis que les deux autres « furent prouvé bastard ».
Là encore, la glose vient montrer comment le récit transpose l'histoire
sainte dans un espace trivial, en développant le parallèle entre le corps
du père attaché à l'arbre et le corps du Christ en croix. La fiction est
ainsi moins une simulation qu'une similitude établie entre la vérité du
Verbe et la vanité d'exemples plaisants.

Or les exemples, même fictifs, ont l'avantage de rapprocher les vérités
spirituelles de l'expérience concrète des laïcs. À ce titre, l'exemple peut
même dépasser les limites non seulement du fait avéré mais également
celles du vraisemblable. Ainsi Jacques de Vitry justifiait-t-il de proposer
aux gens simples et aux laïcs des exemples fabuleux (*fabulosis exemplis*)
« non seulement pour les édifier, mais également pour les ranimer (*non
solum ad edificationem, sed ad recreationem*), surtout quand fatigués et frappés
d'ennui, ils commencent à somnoler[15] ». Le prédicateur donne des exemples
tirés du livre des Juges et du livre des Rois pour justifier le recours à
des fables où la parole est donnée à des végétaux. Reconnaissant que
ces extraits de la Bible sont « littéralement des fables » (*litteram fabulosa*)
il en justifie la place dans le livre sacré par le fait que, à travers elle, ce
ne sont pas des choses fabuleuses qui sont dites, mais bien des vérités
profondes qui sont illustrées (par exemple, la prétention d'Amasias, qui
a présumé de ses forces).

---

15   « *Haec diximus contra quosdam neophytos, qui sibi videntur scioli, nec reprehendere formidant
     illos qui per experientiam noverunt quantus fructus proveniat ex hujusmodi fabulosis exemplis
     laicis et simplicibus personis, non solum ad edificationem, sed ad recreationem, maxime quando
     fatigati et taedio affecti incipiunt dormitare* » (Paris, BnF, lat. 17509, f⁰ 1v⁰d).

Le *Ci nous dit* suit ce précepte et intègre plusieurs fables qui sont clairement moralisées. Non seulement leur propos est-il généralement fidèle aux modèles ésopiques bien connus, mais les manuscrits précisent dans la moitié des cas qu'il s'agit d'une fable, en faisant précéder la formule introductive de l'indication « Ffable » (chapitres 182 à 187 inclusivement, 213, 215 et 216, 251, 355, 367, 564, 565). Dans un cas, le terme *fable* suit l'incipit (347) et dans deux autres, il apparaît indépendamment de la formule récurrente (462 et 469). En plus de ces dix-sept occurrences pourvues d'une étiquette générique, stable dans l'ensemble de la tradition manuscrite, d'autres textes viennent clairement des mêmes sources (par exemple le *Romulus* et l'*Avianus*) sans être nécessairement identifiés. Il est néanmoins remarquable que 18 des 24 textes empruntés à ces deux célèbres recueils de fables fassent l'objet d'une indication générique qui les distingue des autres textes brefs du recueil. La critique des XXᵉ et XXIᵉ siècles a ajouté des textes qui pourraient également relever du genre de la fable, mais ces différents ajouts font encore l'objet de discussions. En revanche, les textes assortis de la mention *fable* dans les manuscrits du *Ci nous dit* sont incontestablement des emprunts aux fabulistes latins.

Les formules gnomiques et parémiologiques sont une autre source d'éléments textuels de la culture commune repris par le *Ci nous dit*. À six occasions, le texte commence par un proverbe qui est ensuite analysé en relation avec l'histoire sainte ou la doctrine. Dans un cas, l'incipit précise même, au risque de la redondance, que la sentence initiale est bien un proverbe :

> Ci nous dit conment un proverbe dit : Qui trop estent son mantel, la painne ront (chapitre 196).

L'usage le plus courant consiste cependant à intégrer le proverbe à la narration, puis de le faire suivre d'une glose en lien avec le récit. Cette pratique, dont Claude Buridant (1984, t. 1, p. 23-54), puis Jacques Berlioz et Marie-Anne Polo de Beaulieu ont montré l'importance dans la prédication et les recueils d'*exempla* (Berlioz *et al.*, 2009, p. 27-65), contribue à renforcer le lien avec une culture qui garde un vernis d'oralité.

La culture du livre n'est toutefois pas absente du *Ci nous dit*. Les chapitres tirés de la Bible ou de légendes hagiographiques relèvent bien d'une culture de l'écrit, à l'instar des fables ésopiques. Seulement, sous l'emprise du *dire* qui vient ponctuer ce recueil, il s'agit moins d'une anthologie livresque que d'une succession de textes brefs appelés à imiter une certaine oralité. Le propre de ces formes, propices à la prédication, est d'ailleurs de gagner à être performée et non seulement lue, ainsi que le reconnaît très clairement Jacques de Vitry, toujours dans son prologue aux *Sermons pour la multitude* :

> *Illud iusuper in his verbis, similitudinibus et exemplis adtendendum est, quod non possunt ita exprimi scripto, sciut gestu et verbo atque pronuntiandi modo, nec ita movent vel incitant auditores in ore unius, sicut in ore alterius, nec in uno idiomate, sicut in alio. Aliquando quidem cum audiuntur, placent ; cum scripta leguntur, non delectant. Expedit tamen ut scribantur, ut habeant materiam hi quibus Deus dat gratiam auditores incitandi ex modo pronuntiandi*[16].

Jacques de Vitry est parfaitement conscient des enjeux de polyglossie et de tension entre la lettre et la voix caractéristiques de la société médiévale. Le *Ci nous dit* répond à l'injonction de mise par écrit et intègre même la question des rapports entre texte et images dans un livre qui doit déployer le sens des images, visuelles ou verbales. Mais, surtout, par la formule récurrente qui vient relancer chacun des textes, il réitère la présence de l'oralité qui, dans l'espace du livre, vient continuellement rappeler qu'il s'agit toujours de dire.

Cette parole vive, avec ou sans image (les nombreux manuscrits qui ne sont pas enluminés montrent bien l'autonomie du texte), contribue à développer tous les sens du verbe *dire* en ce premier quart du XIVe siècle. La puissance du dire, sa force performative certes, mais aussi performantielle à travers la part d'oralité qu'elle instille dans l'écrit, suppose d'abord que dire, c'est faire voir. Il s'agit, dans le cas du manuscrit de Chantilly, d'une véritable relation démonstrative entre le texte et l'image. Ce dire-là est bien déictique, mais également didactique car il chercher à montrer et à démontrer. Dès lors, dire, c'est aussi faire entendre, c'est-à-dire qu'il ne s'agit pas de voir ce qui saute aux yeux, mais bien de comprendre ce

---

16 Paris, lat. 17509, fᵒ 2rᵒa. Une manicule est d'ailleurs tracée en marge de ce passage dans le manuscrit de Paris. « De plus, en ce qui concerne les proverbes, les similitudes ou les exemples, il faut remarquer qu'ils ne peuvent être exprimés par écrit comme ils le seraient à l'aide du geste, de la parole et du ton, de même qu'ils n'émeuvent pas ou ne touchent pas par la bouche de l'un comme par celle d'un autre, ou dans une langue comme dans une autre. Parfois plaisants à entendre pour qui les écoute, ils n'ont plus de charme pour qui les lit. Il faut pourtant qu'ils soient mis par écrit, afin de fournir des éléments à ceux auxquels Dieu a donné la grâce d'émouvoir les auditeurs par leur talent oratoire » (Jacques de Vitry, trad. Gasnault, 1985, p. 52).

qui est invisible à qui s'arrête au sens premier des choses. Tel est le rôle du *Ci nous dit*, qui ne se contente pas du récit mais s'assure de toujours en donner la glose. La moralisation est le deuxième temps du dire, celui qui fait que celui qui écoute a aussi entendu.

Enfin, et de manière peut-être plus inattendue, dire, c'est feindre. Accepter de rapporter des épisodes proprement fabuleux, c'est-à-dire qu'ils ne sont ni vrais ni vraisemblables, c'est faire une place à la fiction non seulement pour plaire (ou pour réveiller un auditoire endormi) mais bien pour édifier. Cette légitimation de la fiction touche même la production vernaculaire et le « roman », genre alors souvent décrié par des prédicateurs jaloux du succès de ces histoires vaines et plaisantes. Le *Ci nous dit* leur fait une place en donnant un sens allégorique à un épisode du *Chevalier au Lion* (chapitre 222) et à un autre, *a priori* fort peu édifiant, du roman de *Tristan et Yseut* (l'épisode du rendez-vous à la fontaine, repris au chapitre 293 du *Ci nous dit*). Pour l'auteur-compilateur du *Ci nous dit*, la fiction n'est pas étrangère au grand dessein divin et peut contribuer à l'édification de ceux qui l'entendent, au sens fort du terme.

Cette exploration rapide d'un recueil de textes brefs, reçu pratiquement dès l'origine sous un titre qui met en valeur le verbe *dire*, a permis de souligner quelques-unes de ses valeurs d'emploi dans le contexte de la littérature narrative vernaculaire du début du XIVe siècle. Ce faisant, on ne peut que constater les lignes de convergence entre plusieurs des textes regroupés sous l'étiquette du *dit* et les sens du verbe, actualisés par le *Ci nous dit*. La dimension démonstrative et didactique, qui suppose une rhétorique qui fait image, est certainement caractéristique du dit médiéval. Qui plus est, et peut-être surtout, cette forme a pour effet de mettre en évidence la tension entre oralité et écriture, entre la lettre et la voix, la parole, le geste et le livre : tensions parmi les plus fécondes de ce qui s'écrit alors dans une langue en voie de s'affirmer comme « littéraire ».

En ce sens, la place explicite que le *Ci nous dit* fait à la fiction participe de ce mouvement de légitimation des formes vaines de la narration, au cœur de ce grand mouvement de reconfiguration des formes narratives à partir de ce qui s'écrit « en roman ». Le dit est un de ces espaces, qui reste à définir et qui reste peut-être indéfini, où la fiction trouve à s'écrire, gardant un pied dans un certain rapport à l'oralité (notamment par sa forme versifiée), tout en explorant les possibilités qui s'ouvrent à elle à travers les formes brèves, qui se multiplient à cette époque en langue vernaculaire. Tout à côté, le *Ci nous dit* fait entendre la puissance de la fiction, rejaillissant sur tous ceux qui fabriquent alors leur propre façon de dire et dessinent ainsi des frontières poreuses à ce que parler veut dire.

Francis GINGRAS
Université de Montréal

LE DIT ET SON ÉNONCIATEUR

Le métadiscours de Baudouin
et Jean de Condé

Je ne tenterai pas d'asseoir mon propos sur des considérations théoriques concernant la nature du dit, sinon de constater après d'autres qu'il s'agit d'un type de texte assumé par un énonciateur à la première personne (Cerquiglini-Toulet, 1980, p. 151-168 ; Cerquiglini-Toulet, 1988, p. 86-94 ; Zink, 1985, p. 64 et 73). Comme Isabelle Delage-Béland (2017, p. 23) le rappelle en citant Alain Corbellari, « [l]'idée d'une définition univoque des genres médiévaux n'est aujourd'hui plus possible » (Corbellari, 2014, p. 35). Toutefois, comme nous allons le voir, le corpus des pièces de Baudouin et de Jean de Condé rassemblées par leur éditeur Auguste Scheler[1] sous le titre tout à fait approprié de *Dits et contes* révèle de leur part une attention portée à la terminologie destinée à caractériser leurs textes. Elle participe d'un métadicours élaboré que le poète développe en introduction et en conclusion, une caractéristique qui avait frappé Jacques Ribard dans son étude sur Jean de Condé :

> La longueur, souvent excessive, de ces introductions, aussi bien que le ton très personnel qui les caractérise fréquemment, montrent assez que Jean les a développées pour elles-mêmes et qu'elles représentaient à ses yeux un apport non négligeable à l'enseignement qu'il souhaitait transmettre (Ribard, 1969, p. 90).

Cet « apport non négligeable » ne se limite pas au seuil du texte, il concerne aussi les conclusions, comme l'énonce Baudouin de Condé :

> Ainsi est il du boin rimeur :
> Quant il doit une rime faire,

---

1   Les références aux pièces sont celles de l'édition d'Auguste Scheler (1866-1867, 3 t.). Par rapport à l'édition de Simonetta Mazzoni Peruzzi des dits de Jean de Condé (1990), elle présente l'avantage, pour le genre d'étude que nous voulons faire, de rassembler la totalité des dits des deux auteurs.

Il pourvoit si bien son afaire,
Que bien coumence et bien define.
(Baudouin de Condé, *Li Contes de l'olifant*, t. 1, p. 235, v. 46-49)

Il se dégage de ce métadiscours une forme d'art poétique dont je tenterai de faire ressortir les composantes. Une question connexe sera celle de se demander s'il y a évolution de la pensée chez Jean de Condé par rapport à son père. Mon analyse se concentrera sur la terminologie utilisée par les deux poètes tout en examinant, d'abord chez Baudouin, puis chez Jean, quels sont les aspects des textes désignés principalement comme des contes et des dits, qui permettraient de saisir chez eux une conscience de la spécificité générique de ces derniers. Au-delà de l'intérêt propre que présente ce métadiscours en lui-même, le choix de s'attarder à ces deux poètes pour réfléchir sur le dit tient à l'importance de leur corpus, 21 pièces chez le premier et 74 chez le second, mais aussi à la période de leur production qui les rend représentatifs. Celle de Baudouin, ménestrel attaché à la cour de la comtesse Marguerite de Flandre, se situe dans la seconde moitié du XIIIᵉ siècle, entre 1240 et 1280. Selon Jacques Ribard, son fils Jean serait né vers 1275-1280 et aurait composé ses premières œuvres de 1295-1300 jusqu'à la date de sa mort en 1345 (Ribard, 1969, p. 70-71). Ils occupent donc à eux deux la période de l'épanouissement du dit.

L'IDENTIFICATION DES TEXTES
CHEZ BAUDOUIN DE CONDÉ

Une simple addition, d'où sont exclues les rubriques qui ne sont évidemment pas représentatives, témoigne de l'importance que représente pour Baudouin de Condé l'identification de ses pièces. Sur un total de 21, quinze sont caractérisées par un terme ou par plusieurs : sept sont dénommées comme des contes, quatre désignées à la fois comme un dit et un conte, tandis que cinq ajoutent d'autres termes. On constate d'emblée que « dit » et « conte » sont pour lui deux dénominations équivalentes qui correspondent à des textes de nature didactique portant sur des sujets moraux pour indiquer aux gens de qualité comment se comporter ou pour déplorer la décadence des temps. Dans le *Conte dou pel*, les deux termes alternent dans cette vitupération contre l'avarice des seigneurs et des prélats qui ôte au poète tout désir de composer un « biel dit » ou un « biel conte » (t. 1, p. 1, v. 2 ; p. 2, v. 44). Il les utilise aussi indifféremment au moment de conclure le *Conte dou mantiel*, pour insister sur la nécessité d'être recouvert du manteau des vertus (t. 1, p. 91, v. 335 ; 339). Dans le *Conte de l'olifant*, Baudouin commence par répéter le terme « dit » à plusieurs reprises pour illustrer la thématique sur laquelle il ouvre son poème, celle de la nouveauté à apporter et de son refus de répéter un propos usé. Les deux dénominations sont équivalentes par la suite pour annoncer qu'il se propose « D'un plaisant dit en rime mettre », tandis que plus loin, il indique qu'il va « un biau conte coumencier, [...] / C'est li contes de l'olifant » (t. 1, p. 234, v. 26 ; p. 236, v. 91-94). C'est à nouveau l'alternance conte / dit qui revient dans le paragraphe conclusif de la pièce. Associé à l'intention d'exemplarité, « dit » est répété par deux fois dans la partie introductive du *Dit du pélican* où est déplorée l'absence d'intérêt porté au message exprimé. Le poète dit son découragement du fait que « biel dit n'ont plus lor saison », que la parole semée se perd et qu'on n'accorde plus d'attention aux « biaus examples » (t. 1, p. 31, v. 8 ; 17). Dans trois de ces textes, à l'exception du *Conte de l'olifant*, c'est le terme « conte » qui est utilisé dans le vers final, comme dans trois des pièces où il intervient comme seule identification[2].

Ce qui frappe dans les quatre autres textes seulement identifiés comme un conte, c'est, outre leur intention didactique, la façon dont le poète met son travail en évidence. Trois composantes caractérisent le *Conte du garde-corps* : le fait d'énoncer une leçon en l'assumant à la première personne – « celui / Ki ce conte fist et dita » (t. 1, p. 17, v. 12-13) –, ceci de la façon la plus accomplie possible afin de s'assurer l'attention de ceux auxquels il l'adresse. Le tout s'accompagne d'une injonction adressée à ses destinataires d'être attentifs à son propos, « Car cose qui n'est escoutee / Me samble pierdue et gastee » (t. 1, p. 18, v. 21-22). Même si les versions des manuscrits BnF, fr. 837 et BnF, fr. 12467 du *Conte de gentillesse* présentent des introductions significativement différentes, elles ont en commun la même intention du poète de faire fi de la réaction négative des méchants à son discours et de ne s'intéresser qu'aux éloges des bons, d'ignorer ceux

---

2 Il s'agit du *Conte d'envie* (t. 1, p. 107-118), du *Conte d'amour* (t. 1, p. 119-131) et du *Conte des hérauts* (t. 1, p. 153-173).

qui ne se soucient pas d'entendre parler du bien (t. 1, p. 175-180), intention qui fait aussi l'objet du *Conte du prudhomme*, avec ici la satisfaction du
poète d'être écouté et de voir que sa leçon est entendue (t. 1, p. 95-105)[3].

Un autre terme est à considérer parmi ceux qu'utilise Baudouin
de Condé dans son métadiscours, celui de « matière » que l'on trouve
dans cinq de ses pièces pour désigner le contenu, le message qu'il veut
transmettre. Dans le *Dit des trois mors et des trois vis*, « matière » désigne
simplement le sujet, le thème qu'il va développer[4]. Le *Conte du dragon*
offre une remarquable illustration de la préoccupation terminologique
de Baudouin. Histoire et conte semblent synonymes pour désigner
précisément le sujet, tandis que la matière ferait référence au message
qui rend le conte « exemplaire », le quatrième terme utilisé dans cette
réflexion du poète sur son écriture :

> Selonc le siècle qui est ore,
> Ne puis trover de bone estore,
> Biel conte qui face à reprendre ;
> Car ne sai la matere où prendre,
> Tant i sace penser parfont ;
> Mais quant plus pense et plus me font
> Li penser de ce desvoyer ;
> Ensi ne me puis ravoyer
> A conte de bon examplaire,
> Qui puist a toutes les gens plaire.
> (Baudouin de Condé, *Li Contes dou dragon*, t. 1, p. 63, v. 1-10)

Baudouin précise dans le *Conte de l'olifant* que le bon rimeur évoqué plus
haut se doit de rimer « à droit » et pour cela de traiter d'une « bonne
matière » qui puisse apporter un message valable, à l'exemple des deux
pièces dont il donne le titre en signant celle-ci :

> Baudouins de Condet nous conte,
> Qui fist du wardecors le conte
> Et du pelican ensement,

---

3   Dans le *Conte dou baceler* dont le propos est de faire valoir les qualités d'un vrai chevalier,
    on retrouve en introduction les mêmes motifs : la qualité du texte, déterminée à la fois par
    sa dimension esthétique et son message – « biaus et de bon sens » (t. 1, p. 46, v. 33) – est
    garante de son efficacité, mais celle-ci dépend aussi de la réception des lecteurs / auditeurs.
4   Acception du terme qui correspond à celle de Chrétien de Troyes dans le prologue du
    Chevalier de la charrette à propos de l'apport de Marie de Champagne à l'œuvre : « Matiere
    et san li done et livre / La contesse » (Chrétien de Troyes, éd. et trad. Méla, 1992, v. 26-27).

Et si vous dist et pas ne ment
Qu'il fist celui de l'olifant.
Si dit ne vont mie trufant,
Ains sont fais de bones materes.
(Baudouin de Condé, *Li Contes de l'olifant*, t. 1, p. 242-243, v. 291-297)

Les autres occurrences du terme « matière » se situent dans *La Prison d'amour* où elles se multiplient pour gloser le travail du poète sur son texte. Il s'agit d'indications de régie du texte pour amorcer un sujet, abandonner un point et y revenir ou le poursuivre[5]. Mais surtout de faire en sorte de savoir « enter et adjoindre » sa matière, de la nouer si bien qu'on ne puisse la dénouer (t. 1, p. 274, v. 191). Dans la section conclusive, Baudouin multiplie les termes pour désigner son texte : il offre sa « matere de penser » dans son livre ; « jovenciel et jovencielles, / Clerc, chevaler, dames, pucielles », ont eu plaisir à écouter son œuvre et il utilise le mot « traité » pour reprendre son motif habituel du dédain de ceux qui ne sont pas en mesure de comprendre son message (t. 1, p. 373, v. 2994 ; p. 374, v. 3025-3026 ; 3034)[6]. Enfin c'est avec la dénomination de « lai », qu'il termine la pièce (t. 1, p. 375, v. 3062).

Baudouin marque une différence entre ce texte rythmé d'insertions lyriques, qu'on pourrait qualifier de « dit amoureux » dans le sens qu'on donne à ceux de Machaut ou de Froissart et ses autres dits. En effet, contrairement à sa tendance dans ces textes, il ne signe pas de son nom. Il joue avec l'idée de le donner à deviner à ses lecteurs, ainsi que celui de sa dame, comme distraction après la lecture, mais sans donner de clé, comme le feront Machaut et Froissart dans leurs anagrammes :

Cil qui en la fin de son livre
Matere de penser vous livre,
Pour deduire apriés le finer
En l'escrit de l'adeviner,
Ne violt pas son non sepelir ;
Se vous le savés espelir,
Si porés penser, ce me samble
A lui et à la dame ensamble,

---

5   Même acception dans le *Conte du garde-corps* : « Et pour çou qu'il ne vos anoie, / Voel repairier à ma matere » (t. 1, p. 19, v. 48-49).

6   On trouve également le terme « traitié » dans le corps du texte : « Or proi Dieu c'a ma dame plaize / Mes traitiés » (t. 1, p. 271, v. 97-98). Les deux termes, « matière » et « traité », sont repris aux v. 3049 et 3034.

Coument ensi et comment non
Li uns et li autres ot non.
(Baudouin de Condé, *La Prison d'amour*, t. 1, p. 373, v. 2993-3002)

Un tiers des pièces portent la signature de Baudouin de Condé, en général en conclusion, pour en assumer le message, par exemple témoigner du mal qui règne dans le monde, notamment à cause de l'avarice, ou pour mettre ses destinataires en demeure de s'amender[7]. Deux font référence, de façon réflexive, à son activité elle-même. La première, qui l'identifie dans un dialogue avec le héraut du *Conte des hérauts*, le fait sur le ton parodique de la joute verbale tel qu'on le rencontre dans les pièces des bourdeurs ribauds qui font assaut de talents incongrus : il se dit ménestrel, expert à peler de l'ail et à traire des moules[8]. La seconde signature autoréflexive conclut, comme on vient de le voir, le *Conte de l'olifant* tout en revendiquant la paternité des contes du *Garde-corps* et du *Pélican*.

L'identification du poète va avec la mise en scène de son statut de ménestrel. La plupart des occurrences reprennent les lieux communs associés au personnage : appel à la largesse des protecteurs et vitupération contre leur avarice, diatribes contre les ménestrels rivaux, médisants qualifiés de « tahon qui les gens mordent » (*Li Contes dou wardecors*, t. 1, p. 20, v. 89)[9]. Baudouin justifie ses critiques par la nécessité de gagner sa vie – « D'itel mestier nous couvient vivre » –, mais ceci en respectant toutefois les critères qui rendent le ménestrel digne d'être écouté (*Li Contes dou baceler*, t. 1, p. 46, v. 23)[10]. Ces critères s'appuient sur le principe du *placere, docere*, énoncé en introduction du *Conte dou baceler*, conte « biaus et de bon sens » (t. 1, p. 46, v. 33), ou dans *Le Conte du dragon* : « de bon examplaire, / Qui puist a toutes les gens plaire » (t. 1, p. 63, v. 9-10)[11].

7   *Li Contes dou pel* (t. 1, p. 13, v. 363 ; p. 15, v. 412) ; *Li Contes dou pellican* (t. 1, p. 42, v. 315) ; *Li Contes dou mantiel* (t. 1, p. 91, v. 338) ; *Li Contes de l'aver* (t. 1, p. 193, v. 195).
8   *Li Contes des hiraus* : « aus peler et moulles traire » (t. 1, p. 158, v. 173 ; p. 159, v. 180). Comparer avec les talents du jongleur des *Bordeors ribauz* : « Si sai bien fere frains a vaches / Et gans a chiens, coiffes a chievres. / Si sai fere haubers a lievres » (éd. Noomen, 2003, p. 36, v. 122-124).
9   Autre attaque adressée aux mauvais ménestrels : *Li Contes des hiraus* (t. 1, p. 160, v. 208-215). Pour les références à la générosité attendue des protecteurs : *Li Contes dou wardecors* (t. 1, p. 20, v. 70-74 ; p. 22, v. 131-133 ; p. 28-29, v. 290-301) ; *Li Contes des hiraus* (t. 1, p. 154-155, v. 43-54 ; p. 159, v. 201-207) ; *Li Contes dou baceler* (t. 1, p. 58, v. 344-345) ; à la dénonciation de leur avarice : *Li Contes dou pel* (t. 1, p. 2, v. 31-39).
10 Voir aussi *Li Contes de gentilleche* (BnF, fr. 837, v. 85).
11 Voir aussi *Li Contes dou preudome* (t. 1, p. 95, v. 8-12) et *Li Contes de l'olifant* (t. 1, p. 234, v. 42 ; p. 235, v. 61-62).

L'impact de l'enseignement dépend en effet de la qualité littéraire du texte : l'« amonestement » selon le terme du poète dans le *Conte de gentillesse*, ne peut être efficace que si « sa rime est bone et fine[12] ».

À l'issue de l'examen de la terminologie qu'utilise Baudouin de Condé pour rendre compte de son écriture, deux remarques s'imposent. La première est la synonymie des termes « conte » et « dit ». La seconde, le fait qu'ils sont en corrélation avec d'autres désignations comme « histoire » ou « matière », qui contribuent à définir le type de texte ainsi désigné. Il s'agit, sous ces termes, d'adresser un contenu exemplaire à des destinataires que l'on espère attentifs à la leçon proposée grâce à l'attrait du texte. C'est ainsi que peut se revendiquer à juste titre le statut de ménestrel auquel est attaché le nom du poète.

L'IDENTIFICATION DES TEXTES
CHEZ JEAN DE CONDÉ

Dans l'exacte continuité de son père, Jean de Condé attache lui aussi son nom à la même réflexion sur la nécessité de bénéficier d'un public digne de recevoir la teneur exemplaire des pièces qui lui sont destinées. Pour celles-ci, on va le voir, la gamme des désignations est plus diversifiée, bien que le terme dominant soit chez lui celui de « dit ». Il s'identifie beaucoup plus systématiquement que Baudouin puisqu'il se nomme à 34 reprises, c'est-à-dire dans près de la moitié de ses textes. Dans cet ensemble, presque la moitié de ses signatures apparaissent en introduction, notamment celle du *Dit du lévrier* où, après s'être nommé pour revendiquer la responsabilité morale qu'impose le talent, Jean assume l'héritage de son père :

Fius fui Baudüin de Condé,
S'est bien raisons k'en moi apere
Aucunne teche de mon pere,
Et .i. petitet de son sens.
(Jean de Condé, *Li Dis dou levrier*, t. 2, p. 304, v. 40-43)

---

12 *Li Contes de gentilleche* (BnF, fr. 837, f. 244) ; *Li Contes de l'olifant* (t. 1, p. 235, v. 50).

Les autres signatures, plus d'une vingtaine, se situent donc en conclusion, en général pour endosser la teneur de l'énoncé qui précède et attester la valeur de la leçon. La plus remarquable est celle du *Dit des Jacobins et des Fremeneurs* (t. 3, p. 249-260). Le poète s'y adresse, en tant que ménestrel du comte Guillaume Ier de Hainaut[13], aux prêcheurs qui s'en prennent à eux, avec la fierté de celui qui

> [...] biaus mos trueve et les reconte.
> Dis et contes, et lons et cours,
> En mesons, en sales, en cours
> Des grans seigneurs, vers cui ge vois.
> Et haut et bas oient ma vois.
> De mal à fere les repren
> Et à bien fere leur apren ;
> De ce jour et nuit les sermon,
> On ne demande autre sermon
> En plusours liex où je parole.
> ....
> Se voulez savoir mon droit non,
> Jehan de Condé sui nommez,
> Qui sui en maint lieu renoumez,
> Que de bien dire ai aucun sens.
> (Jean de Condé, *Dit des Jacobins et des Fremeneurs*, t. 3, p. 257, v. 248-257 ; p. 259, v. 312-315)

Jean de Condé condense dans ce passage les critères qui, comme pour son père, correspondent au métier de ménestrel tel qu'il l'exerce, comme il l'évoque, avec fierté, et qui lui permettent, grâce à la qualité de son écriture, les « biaux mos » de ses dits et de ses contes, d'inciter les grands seigneurs à bien se comporter. Dans le *Dit des états du monde*, il s'oppose ainsi aux « gengleurs » : son métier est de bien servir, bien faire et bien dire afin de justifier les libéralités qui lui sont faites (t. 2, p. 377, v. 181-206). Chez lui aussi, on l'a vu, la valeur du poète dépend de celle de son public. L'irritation que provoque ceux qui ne sont pas attentifs à ses enseignements finirait par le pousser au silence : « Perc je moult souvent l'apetit / de bien dire et de bien conter » (*Li Dis de force contre nature*, t. 3, p. 261, v. 2-3)[14].

---

13   Voir *Li Dis dou boin conte Willaume* : « Jehans de Condet, qui estoit / De son maisnage et qui viestoit / Des robes de ses escuyers » (t. 2, p. 295, v. 165-167).

14   Voir aussi *Li Dis des trois estas dou monde* (t. 2, p. 371, v. 1-7) ; *Li Dis des lus et des bechés* (t. 3, p. 321, v. 1-9). Le poète ne souhaite s'adresser qu'à ceux qui prêtent attention à son enseignement : *Li Dis dou frain* (t. 2, p. 141, v. 14-18) ; *Li Dis de boin non* (t. 2, p. 258,

C'est à partir de cette conscience claire des exigences d'une fonction que les deux poètes aiment désigner du terme de métier[15], que se définit la nature des pièces dont les désignations font l'objet de leur part, d'une véritable recherche terminologique, celle-ci étant plus poussée chez Jean de Condé. C'est le terme de « dit » qui prédomine nettement chez lui, sans que ce soit significatif pour autant, du moins dans une première lecture. Sur 29 acceptions où il apparaît seul, dix-sept sont destinées à signaler simplement la fin de la pièce : « Ichi li dis du koc deffinne » (*Li Dis des trois estas dou monde*, t. 2, p. 56, v. 208), ou bien « Chi finne de l'aigle li dis » (*Li Dis de l'aigle*, t. 2, p. 111, v. 120). Trois seulement sont placées en position d'annonce, par exemple dans le *Dit du figuier* : « Vous vœl ci endroit conter / .i. moult boin dit a escouter » (t. 2, p. 86, v. 27-28). Dans les deux seules pièces où « dit » et « conte » sont employés conjointement, les deux acceptions s'équivalent. Dans le *Dit du chien*, annoncé comme un dit « Dont on poura exemple traire », le terme « conte » qui signale la fin de la pièce, est là pour rimer avec le verbe conter (t. 2, p. 151, v. 6 ; p. 155, v. 140), comme on l'observe aussi dans le *Dit du mariage de Hardement et de Largesse* (t. 2, p. 281, v. 9-10). Je reviendrai au terme « conte » après m'être arrêtée à ceux que Jean de Condé utilise en concurrence avec ces deux termes dont plusieurs, à l'exception de « matière » et de « lai », n'apparaissent pas chez Baudouin.

Jean de Condé emploie le mot de « matière » dans huit pièces avec des acceptions différentes dans leurs nuances et qui recoupent en partie celles que l'on trouve chez Baudouin de Condé. Il peut simplement s'agir du matériel dont il a en abondance, mais qu'il renonce à développer plus amplement, car il veut être bref pour être agréable à ses auditeurs afin qu'ils tirent profit de son dit[16]. De façon plus précise, la matière peut désigner le sujet dont traite le texte, son thème. C'est ainsi que je comprends la conclusion du *Dit des .iii. mestiers d'armes* où Jean commente sur le fait qu'il a entrepris une « matière » dont la « sentence » serait longue, c'est-à-dire que la substance mériterait d'être approfondie si,

---

v. 92-102); *Li Dis d'entendement* (t. 3, p. 95, v. 1494-1500); *Li Dis des deus loiaus compaignons* (t. 3, p. 133-134, v. 13-21 ; p. 134, v. 30-37).

15   Baudouin de Condé, *Li Contes dou preudome* (t. 1, p. 95, v. 6-7); Jean de Condé, *Dou fighier* (t. 2, p. 85-86, v. 1-19) : l'auteur joue sur les termes « ouvrier » et « métier ».

16   *Li Dis dou mariage de hardement et de largece* (t. 2, p. 289, v. 240-242). Même sens dans le *Dit du frein* (t. 2, p. 143, v. 76-80) : le poète termine sa pièce bien qu'il ait encore assez de matière.

encore une fois, il ne voulait pas faire court pour être mieux reçu (t. 2, p. 76, v. 153-157)[17]. Mais « matière » peut représenter cette substance elle-même dont il invite à découvrir la signification, par exemple celle que l'on trouve dans le *Dit de la fourmi*, cette « petite créature / Où il a grant matere enclose, / Qui la senefiance en glose » (t. 3, p. 145, v. 13-16)[18].

Trois pièces sont qualifiées de « lai » chez Jean, le *Lai de l'ourse*, le *Dit du lévrier* et le *Lai du blanc chevalier*. Le choix du terme pourrait s'expliquer par leur caractère narratif, le récit ayant pour objet, dans les trois cas, de raconter une aventure à laquelle, à la façon d'un *exemplum*, on pourra prendre exemple, comme Jean de Condé l'énonce dans le *Lai du blanc chevalier* :

> Une aventure c'ai aprise
> Vous sera orendroit reprise ;
> .I. exemple prendre i porés,
> Es paroles que vous orrés,
> En partie de ce c'ai dit.
> Or vous vueil commenchier le dit
> Jehan de Condé sans delay :
> Ch'est dou blanc chevalier le lay.
> (Jean de Condé, *Li Lays dou blanc chevalier*, t. 2, p. 1-2, v. 15-22)

Il distingue bien entre l'événement – l'aventure – qui a donné lieu à son récit, et ce dernier désigné par les termes de « conte », « dit » ou « lai », et destiné à énoncer la leçon qu'il veut donner, c'est-à-dire qu'il faut se méfier des mauvais conseillers. Il utilise également « conte » pour référer à l'histoire qui a circulé oralement et qui est à la source de sa mise en rime[19], comme il l'indique à la fin de la pièce en la signant et en insistant sur sa visée à la fois didactique et esthétique :

> Si com les contes est contans
> Ne ains ne fu en rime mis ;
> Et pour ce s'en est entremis
> Jehans de Condé, qu'il li samble

---

17 Même sens dans le dit *Dou fighier* (t. 2, p. 87, v. 75-78), où sont distinguées la « matière » et la substance et dans *Li Dis des deus loiaus compaignons* (t. 3, p. 133, v. 1-3) : le poète peine à trouver une matière, un sujet, qui puisse plaire à tous.
18 Même signification dans *La Messe des oisiaus* (t. 3, p. 41, v. 1323) et *Li Dis d'entendement* (t. 3, p. 95, v. 1494-1496).
19 *Li Lays dou blanc chevalier* : « Si com li contes le tiesmongne » (t. 2, p. 2, v. 24).

> Que plus ara de bons ensamble,
> Che lai plus volentiers orront
> Et exemple prendre i porront.
> Li lais a biel commenchement
> Et encor millour finement.
> (Jean de Condé, *Li Lays dou blanc chevalier*, t. 2, p. 48, v. 1593-1601)[20]

Dans le *Lai de l'ourse*, « lai » est en binôme avec le terme de « recort », également présent dans six autres pièces comme synonyme de « dit » et de « conte » : il s'agit chaque fois pour « cil qui cest recort oront / [de] Boin exemple prendre » (*Li Dis dou roi et des hiermittes*, t. 2, p. 69, v. 209-210). C'est aussi cette portée exemplaire que traduit la dénomination de « serventois », l'équivalent de « dit » dans le *Dit de portejoie* et utilisé en parallèle avec « proverbe » dans le *Dit de l'oliette* pour évoquer les « mot notable » qui sont profitables aux bons et aux mauvais (*Li Dis de l'oliette*, t. 2, p. 166, v. 80). L'exemplarité se manifeste aussi dans l'appellation de « castoi » qui conclut le *Castoi du jeune gentilhomme* :

> Atant vœt sen castoi finner
> Jehans de Condet, qui reprent
> Celui qui ot et riens n'aprent.
> (Jean de Condé, *Li Castois dou jouene gentilhomme*, t. 2, p. 254, v. 96-98)

De la même façon qu'il s'est appliqué à répéter son nom, Jean de Condé s'attache à identifier la nature de ses pièces avec une gamme de termes qui, dans bien des pièces, sont interchangeables. C'est le cas, en concurrence avec « dit », de conte, recort, serventois et même lai. Il n'est pas évident que ce dernier soit toujours attaché, dans les trois textes où il apparaît, à l'élément de merveilleux celtique du récit (Ribard, 1969, p. 103), comme on peut l'observer dans le lai *Du Blanc chevalier*. Encore une fois, ce qui importe, c'est la volonté de l'auteur d'utiliser l'histoire racontée au profit de la leçon à prodiguer, et donc de lui conférer la portée d'un *exemplum*. Pour « serventois », si on peut le considérer comme l'équivalent de « dit », il n'est pas exclu que son choix apporte cette dimension didactique si essentielle pour Jean de Condé. C'est le cas, on l'a vu, dans l'introduction du *Dit de portejoie* où les deux termes

---

20 Le terme « conte » est justifié par la rime (t. 2, p. 5, v. 129-130 ; p. 26, v. 853-854) ; il figure à deux reprises dans la formule d'abrègement du type « trop en seroit lons li contes » (p. 19, v. 620-621 ; p. 26, v. 849-850).

sont mis en binôme (t. 3, p. 229, v. 1-5). On peut ainsi se demander
si le fait de juxtaposer les deux désignations n'impliquerait pas une
différence de sens entre elles.

La question se pose pour le *Dit des Jacobins et des Fremeneurs* à propos
des dits et contes, longs et courts, que les ménestrels content dans les
cours des grands seigneurs (t. 3, p. 257, v. 250). Ou pour les « dis et
lais, / Et biaus exemples et biaus contes » énumérés dans le *Dit des trois
estas dou monde* où « exemple » renvoie au texte même et pas seulement à
sa dimension d'enseignement (t. 2, p. 371, v. 4-5). On observe le même
usage dans *Li Dis des lus et des bechés* – « Dirai examples, dis et contes /
Par devant princes, dus et contes » (t. 3, p. 321, v. 15-16) –, dans le même
contexte de l'évocation d'une performance publique de ménestrel. Ces
occurrences porteraient à considérer de telles énumérations comme des
formules de réclame de sa part pour mettre en valeur son répertoire,
sans qu'une acception particulière soit attachée à chacun des termes,
sinon cette exemplarité indispensable à la fonction de ménestrel telle
que Jean de Condé la conçoit.

Il faut revenir au terme « conte », car utilisé seul, il n'est pas forcément
réservé aux énoncés plus ou moins narratifs dont l'intention est didactique
comme lorsqu'il apparaît en concurrence avec d'autres termes. C'est le cas
tout d'abord du *Dit du chevalier à la manche* identifié à trois reprises comme
un conte. Jean de Condé assure bien qu'on pourra y prendre exemple du
fait « Qu'il vaut mieus parler saigement / Que ne faice vollaigement » (t. 2,
p. 168, v. 23-24). La leçon n'a rien de bien original, le propos de l'auteur
étant surtout d'offrir un récit d'initiation aux valeurs courtoises de plus
de deux mille vers. Il semble bien que le choix du terme corresponde
plutôt à la dimension romanesque d'un texte dont la longueur excède,
nous le verrons, celle qui convient au dit selon lui. Le terme « conte »
caractérise par ailleurs quatre textes qui se différentient nettement des
autres, car ils sont à classer parmi les fabliaux. Il s'agit typiquement de
récits dont trois mettent en scène des situations de triangle adultère et
le dernier, *Li Sentiers batus*, repose sur un brocard obscène d'un chevalier à une dame, relatif à ces sentiers si souvent fréquentés que l'herbe
n'y repousse plus[21]. Indépendamment de leur teneur même, ils ont en

---

21   *Li Sentiers batus* : « a sentier / Qui est batus, ne croist point d'erbe » (t. 3, p. 301-302,
     v. 78-79). Le texte figure dans le *Nouveau recueil complet des fabliaux (NRCF)* (éd. Noomen
     et al., 1998, t. 10, p. 71-81).

commun un trait typique associé au fabliau qui se retrouvera dans la nouvelle, l'allégation de vérité qui accompagne l'histoire. Il ne s'agit pas dans leur cas de référer à la vérité du message porté par le texte, dont on trouve de multiples occurrences aussi bien chez Baudouin que chez Jean. Dans ces pièces, l'assertion de vérité porte sur le récit lui-même, formule d'ironie dont le rôle est de mettre en évidence, par antiphrase, le caractère fictif de l'histoire racontée. Cela peut être, comme dans *Les Braies au prêtre* qui raconte les amours de la femme du boucher avec un prêtre, « .i. conte nouviel, / Qui est estrais de vérité » (t. 2, p. 121, v. 6-7 ; *NRCF*, t. 10, p. 18) ou dans le *Dit du valet qui aima la femme au bourgeois*, « .i. conte, / Si con la verité nous conte » (t. 2, p. 243, v. 7-8). Le *Dit du pliçon*, qui raconte la ruse d'une femme pour sauver l'amant à l'arrivée du mari, est une « rime veritaule », insiste Jean de Condé avant de conclure : « Li verités plus ne m'en conte / Et pour çou finnerai men conte » (t. 2, p. 127, v. 7 ; p. 131, v. 121-122 ; *NRCF*, t. 10, p. 29 ; 32). Le poète distingue bien cette pièce destinée à un public qui préfère écouter des risées et des moqueries plutôt que des sermons, des autres pièces qui précisément sont de la nature du sermon. On peut supposer que le choix de « dit » et non « conte » pour désigner le *Dit de la nonnete* en conclusion, après avoir utilisé celui de « proverbe » pour introduire le texte, est dû à la rime avec le vers précédent : « En mal, soient de Dieu Maudit ! » (t. 2, p. 279, v. 245 ; *NRCF*, t. 10, p. 47). Ce récit des désordres qui se déroulent dans un couvent de religieuses s'affirme, à l'instar des autres de la même teneur, comme conforme à la vérité : « Car il n'afiert mie c'om mence, / Ains doit on enseivir le voir » (t. 2, p. 271, v. 12-13). Un dernier terme apparaît pour désigner ce groupe de pièces, celui de « truffe », en association oxymorique avec « vérité » dans l'introduction du fabliau *Du Clerc qui fut repus deriere l'escring*, où un amant en surprend un autre en flagrant délit. Jean de Condé condense dans le prologue ces caractéristiques propres aux pièces dont la seule intention est d'amuser :

> Unes gens sont qui anchois oient
> Une truffe, et plus le conjoient,
> K'une bien grande auctorité :
> Pour ce, truffe de verité
> Vous vorrai ci ramentevoir.
> Si c'om le me conta de voir.
> (Jean de Condé, *Du Clerc qui fut repus deriere l'escring*, t. 3, p. 197, v. 1-6 ; *NRCF*, t. 1, p. 66)

À titre de parenthèse, il est intéressant de mettre en parallèle ce type
de récit qu'il désigne du nom de « truffe » avec le même terme utilisé
par Baudouin dans la conclusion de son *Conte de l'olifant* citée plus haut,
lorsqu'il affirme que ses dits « ne vont mie trufant, / Ains sont fais de
bones materes ».

Pour en revenir à Jean de Condé, son appréhension des critères qui
définissent ce que nous appelons un dit par opposition au fabliau est, on
le voit, tout à fait précise, même si sa recherche terminologique présente
un caractère quelque peu tâtonnant et expérimental. On a pu constater
cependant, par la multiplication des étiquettes attribuées aux textes,
qu'elle développe et approfondit celle qu'avait entreprise Baudouin. Ils
partagent tous deux une même conception de leur responsabilité de
ménestrels s'adressant à un public de cour et une même conscience des
limites, parfois décourageantes de celui-ci. C'est ainsi que Jean insiste
à plusieurs reprises sur un élément qui lui est propre, la nécessité de
« faire court » : « Biel sont pour recorder en court / Li dit qui sont
plesant et court » (*Li Dis de portejoie*, t. 3, p. 229, v. 1-2)[22]. Pour ceux
qui aiment parler des armes, la brièveté est en effet préférable : « S'iert
miex oys en hautes cours / Et devant les boins bacelers » (*Li Dis des
.iii. mestiers d'armes*, t. 2, p. 76, v. 158-159). Cette constatation tirée du
Dit des .iii. mestiers d'armes n'est pas sans susciter l'irritation du poète
dans le *Dit du frein* où il insiste à nouveau sur l'inutilité de s'adresser
à ceux à qui il pèse d'entendre parler du bien. Le prologue du dit offre
un véritable art poétique où Jean de Condé précise comment il conçoit
son métier. Il se voit comme un bon ouvrier, le terme est de lui (*Li Dis
du fourmis*, t. 3, p. 145, v. 2), qui a reçu une solide formation, « Car ars
et us ont tout apris, / Canque on seit » et qui sait allier « l'art qu'il a et
le sens » pour produire une bonne œuvre et « biaus dis reprendre, / Car
on y puet moult de biens prendre » (*Dou fighier*, t. 2, p. 85, v. 7-8 ; 11 ;
p. 86, v. 21-22). Le *Dit du lévrier* détaille à propos de l'éducation qu'un
clerc fut chargé de donner à un jeune homme, à la suite du latin et de
la musique, une nomenclature de genres littéraires où le dit trouve sa
place, distincte ici, des lais et des contes :

> S'aprist lais, contes et rommans,
> Les fais d'amours et les commans,

---

22   Voir aussi le *Dit de Franchise* : « Mon dis lais, je vuel qu'il soit cours » (t. 3, p. 159, v. 72).

Mainte cançon et mains biaus dis,
Dont il fu souvent resbaudis.
(Jean de Condé, *Li Dis dou levrier*, t. 2, p. 306, v. 83-86)

L'énumération témoigne d'une conscience générique de la part de Jean de Condé, que démontre, comme nous l'avons constaté, la nomenclature terminologique qu'il s'est efforcé d'élaborer pour rendre compte de la spécificité de ses créations poétiques. Quels que soient les termes que Baudouin et Jean de Condé utilisent pour désigner leurs compositions, ils définissent non seulement les textes eux-mêmes, mais la conception qu'ils se font de leur métier de ménestrels, ainsi qu'ils dénomment tous deux leur activité. On ne peut dissocier en effet la portée didactique des pièces qui constituent l'essentiel de leur production de la responsabilité qu'ils tiennent à assumer, d'offrir matière à réflexion morale à un public qu'ils savent plus intéressé par des fictions sans leçon, comme la *Prison d'amour* chez Baudouin ou les fabliaux chez Jean. C'est pour cela que ce dernier ajoute aux critères qu'ils partagent pour caractériser leurs textes, celui de la brièveté justifié par le déficit d'attention d'un public qu'il trouve plutôt rétif à l'« admonestement ».

Madeleine JEAY
Université McMaster

LA GÉNÉRATION DU DIT

Baudouin et Jean de Condé
au prisme de la généalogie poétique

Dans les dernières lignes du compte rendu qu'il consacre au livre de Monique Léonard sur le dit, Pierre-Yves Badel propose de considérer cette forme littéraire comme « une classe généalogique de textes », ce qui revient à dire que l'on peut « présupposer que chaque auteur de dit imitait un ou des dits antérieurs, qu'il s'inscrivait dans une tradition d'écriture pour en respecter ou pour en transformer les conventions » (Badel, 1998, p. 56-57). Cette définition, qui place le dit au cœur de la dynamique de réécriture propre aux lettres médiévales, est particulièrement éclairante dans le cas de Baudouin et Jean de Condé, puisque les rapports entre ces deux auteurs sont précisément décrits comme relevant de la filiation. Les témoins manuscrits des œuvres attestent par deux fois de l'importance accordée à cette relation de parenté. La première occurrence est à mettre au compte de Jean lui-même. Elle figure dans le *Dit du lévrier*[1] dont l'unique copie se trouve dans le manuscrit de Rome, Bibliothèque Casanatense, 1598 :

> Et par ytant mes cuers s'acorde
> A commenchier, se jel sai faire,
> Et dire aucun plaisant affaire.
> Nature en a mon cuer fondé,
> Fius fui Bauduin de Condé,
> S'est bien raisons k'en moi apere
> Aucunne teche de mon père
> Et .i. petitet de son sens.
> (Jean de Condé, *Dit du lévrier*, t. 2, p. 304, v. 36-43)

---

1   Nous citons les dits de Jean et de Baudouin de Condé sur la base de l'édition d'Auguste Scheler (1866-1867). Une partie des dits de Baudouin a été rassemblée et traduite en italien par Saverio Panunzio à partir de l'édition inédite de Willy van Hoecke (1999). Les dits et fabliaux de Jean de Condé conservés par le manuscrit de Rome ont été édités par Simonetta Mazzoni Peruzzi (1990).

La seconde est à porter au crédit du copiste ou du concepteur du manuscrit de Paris, Bibliothèque de l'Arsenal, 3524[2]. Elle se trouve à la césure
entre la collection des dits de Baudouin et celle ceux de Jean :

> Ci finent li dit Baudouin de Condeit et commencent li Jehan son fil (f° 50).

Cette filiation, au-delà de sa réalité biographique invérifiable, est
d'une portée littéraire de première importance. Jean capitalise sur le
succès de l'œuvre du poète qu'il reconnaît comme son père et se dote
une *persona* d'auteur qui vient s'inscrire dans le droit fil de celle de son
prédécesseur. Ce faisant, il confère une interprétation généalogique à
la carrière de poète, qui vient, pour ainsi dire, confirmer à l'avance les
conclusions de Pierre-Yves Badel.

Actifs, pour le premier, entre 1240 et 1280 à la cour de Marguerite
de Constantinople, comtesse de Flandres et de Hainaut[3] et peut-être
de ses fils Guillaume III et Gui de Dampierre, et, pour le second, entre
1300-1345 à la cour de Hainaut du temps de Guillaume I[er4], ces deux
auteurs se distinguent, comme Watriquet de Couvin, par une production poétique presque entièrement dominée par le dit. Leurs œuvres
répondent bien aux traits caractéristiques de cette forme littéraire, tels
que les définit Jacqueline Cerquiglini-Toulet (1988, p. 86-94) : on y
décèle une présence massive de la première personne du singulier qui
confère au dit la force d'un acte de parole assumé et délibéré. Les voix
des deux auteurs, qui ne dédaignent pas d'adopter un ton prophétique
ou sentencieux, ne sont jamais neutres ni indifférentes. Elles s'ancrent
dans un présent de l'énonciation pour valider leur prise de parole et
la rendre performative. Le « je » est engagé par ses émotions dans un
« dire » vigoureux, mode de communication qui s'apparente parfois aussi
à la position thymique du satiriste (Mühlethaler, 1994) :

> Ja ne mesisse contredit
> De raconter aucun biel dit
> Ne çou de bien que jou seuisse

---

2   Il s'agit d'un manuscrit entièrement dévolu à l'œuvre des deux poètes.
3   Le *Conte de l'olifant* (t. 1, p. 233-243) est dédié à Marguerite, « la grant dame de Flandres »
     (p. 243, v. 301-302, voir aussi p. 240, v. 222-227). Ce dit ne figure que dans le manuscrit
     Paris, BnF, fr. 1634.
4   Jean rédige le *Dit du bon comte Guillaume* (manuscrit de Rome) à l'occasion de la mort de
     ce prince.

Se jou le siecle ne veïsse
Si felon ne si deputaire.
(Baudouin de Condé, *Dit du pel*, t. 1, p. 1, v. 1-5)

Pour ce c'on fet de bien petit
Perc je moult souvent l'apetit
De bien dire et de bien conter.
(Jean de Condé, *Dit de force contre nature*, t. 3, p. 261, v. 1-3)

Leurs œuvres reflètent aussi la diversité du dit, qui va de la réflexion morale sur la noblesse et l'honneur[5] à la mise en scène de soi sur un mode burlesque[6] en passant par la didactique amoureuse[7] et la poésie mariale[8]. Des moralisations extrapolent les données naturalistes et allégoriques fournies par les bestiaires[9]. Par instant, les deux œuvres se situent en miroir l'une de l'autre, lorsque certaines pièces de Jean reprennent l'intitulé de celles de Baudouin (*Dit de gentillesse*, *Ave Maria*). La veine allégorique du dit n'est pas négligée non plus. On doit à Baudouin une *Voie de paradis* et à Jean un *Dit d'entendement* ainsi que sa fameuse *Messe des oiseaux*.

Deux manuscrits mettent en scène cette double aventure poétique : le manuscrit de Paris, BnF, Arsenal, 3524, dont il a déjà été question, et le manuscrit Paris, BnF, fr. 1446[10]. La comparaison entre ces deux codex fait apparaître leur très grande parenté. Les pièces de Baudouin

---

5   Baudouin : Dits de *Gentillesse*, du *Pel*, du *Garde-corps*, du *Bachelier*, du *Manteau d'honneur*, du *Prudhomme* ; Jean : Dits de *Gentillesse*, des *Hauts hommes*, des *Vilains et courtois*, *Chastoi du jeune gentil homme*, *Mariage de Hardement et de Largesse*.

6   Baudouin : *Dit des hérauts*.

7   Baudouin : *Conte d'amour*, *D'amour fine*, *Dit de la Rose*, *Prison d'amour* ; Jean : *De Beauté et de Grâce*, *Poème retrograde d'amour*, *Lai de l'ourse*, *Dit de la pelote*, *De l'Amant hardi et de l'Amant cremeteus*.

8   Baudouin : *Ave Maria* ; Jean : *Ave Maria*.

9   Baudouin : Dits du *Pellican*, du *Pel*, du *Dragon*, de l'*Olifant* ; Jean : Dits du *Fourmis*, du *Papeillon*, du *Singe*, du *Lyon*, de l'*Aigle*, *Lai de l'ourse*.

10   Principaux manuscrits contenant des collections de dits de Baudouin de Condé : Paris, BnF, fr. 1446 ; Paris, Bibliothèque de l'Arsenal, 3524 ; Paris, Bibliothèque de l'Arsenal, 3142 ; Paris, BnF, fr. 12467 ; Bruxelles, KBR, 9411-26 ; Paris, BnF, fr. 1634 ; Paris, BnF, fr. 837 ; Torino, Biblioteca nazionale universitaria, L.V.32, manuscrit détruit. Manuscrits contenant les collections de dits de Jean de Condé (sigles d'après Scheler et Ribard) : A : Paris, BnF, fr. 1446 de la Bibliothèque nationale de France à Paris, 41 pièces. – B : Paris, BnF, Arsenal, 3524, 50 pièces. – A' : Paris, BnF, fr. 24432 (*Chastoi du jeune gentil homme*, *Dit des .II. loiaus compagnons*, *Dit du vilain dépensier*). – R : Roma, Biblioteca Casanatense, 1598, 35 pièces dont 23 *unica* ; Torino, Biblioteca nazionale universitaria, L.I.13 (*Du Blanc chevalier*, *Du Chevalier à la manche*).

s'y retrouvent à l'identique, leur ordre de présentation ne connaît que de légères variations (voir annexe).

Le même constat vaut pour les œuvres de Jean, à ceci près que le manuscrit de l'Arsenal propose une collection plus vaste que celle du manuscrit Paris, BnF, fr. 1446. Onze poèmes viennent compléter le recueil, dont huit sont des *unica*. On ne connaît qu'un seul autre manuscrit recueil des poèmes de Jean. Il s'agit du manuscrit de Rome, Casanatense, 1598 qui contient 35 dits dont 12 seulement apparaissent dans d'autres manuscrits[11]. Dans ce témoin, sont rassemblées la plupart des œuvres plus narratives de Jean, dont les plus connues sont le *Dit du lévrier*, le *Lay du blanc chevalier* et le *Dit du chevalier à la manche*[12].

Sylvia Huot (1987, p. 219-224) a donné une belle lecture de la plus significative des variations que l'on peut observer dans l'ordre des pièces adopté par le manuscrit de l'Arsenal par comparaison au manuscrit 1446. Elle interprète le choix de placer deux œuvres allégoriques, la *Voie de paradis* de Baudouin et la *Messe des oiseaux* de Jean en tête de chacune des collections, comme une manière de mettre en avant les figures personnalisées des deux ménestrels. Le dit allégorique a en effet ceci de particulier que, s'il repose comme il se doit sur une énonciation à la première personne du singulier, celle-ci s'incarne dans une individualité clairement circonstanciée[13]. La figure du sage, du pèlerin ou du rêveur donne du corps à l'instance d'énonciation. Grâce à cette recomposition minime, mais très significative, le concepteur du manuscrit de l'Arsenal construit une sorte de présentation parallèle des deux collections qui met en exergue deux profils d'auteurs qui se répondent tout en se distinguant.

Ces deux recueils, qui font la démonstration livresque d'une conception généalogique de l'écriture du dit et avèrent implicitement ou explicitement l'idée de filiation entre les deux auteurs, ne jouent

---

11 Le manuscrit de Rome a huit pièces en commun avec le manuscrit Paris, BnF, fr. 1446 et onze avec celui de l'Arsenal.

12 Seuls deux fabliaux se trouvent dans les collections du manuscrit Paris, BnF, fr. 1446 et du manuscrit Paris, BnF, Arsenal, 3524 : le *Sentier battu*, un *unica* de 3524 et *Du prestre qui fu repost en l'escrin*.

13 Dans le cas du manuscrit Paris, BnF, Arsenal, 3524, cette personnalisation de la figure de l'auteur peut s'appuyer sur la présence d'enluminures au début de la collection de dits de chacun des deux auteurs. Celle qui orne le début de la *Voie de paradis* de Baudouin représente la rencontre entre un vieux sage et « je » pèlerin qui reçoit une leçon de la part de ce dernier. Voir l'analyse subtile de Huot (1987, p. 220).

pourtant pas des rôles semblables dans la tradition manuscrite de chacun de ces deux poètes. La distance temporelle qui les sépare de la période de production de l'un et de l'autre en est bien entendu la cause. Si l'on peut supposer que la conception de ces deux manuscrits a pu être plus ou moins contemporaine de l'activité littéraire de Jean, il n'en va pas de même pour Baudouin. Les deux collections jumelles proposent un recueil presque complet de l'œuvre connue de Baudouin. Seules trois pièces n'y figurent pas : le *Dit de l'olifant*, le *Dit de Droit* (*unica* conservés dans le manuscrit Paris, BnF, fr. 1634) et la *Prison d'amour* (manuscrit de Turin, Biblioteca nazionale universitaria, L.V.32 (manuscrit détruit), Vienne, Österreichische Nationalbibliothek, 2621, Dijon, Bibliothèque municipale, 526). Ainsi, lorsqu'on considère ces manuscrits dans la perspective de leur rôle dans la tradition manuscrite du premier poète, ils viennent confirmer la consistance du corpus circonscrit par ce nom d'auteur, au sein d'un groupe de sept codex comportant des collections de neuf à vingt pièces, regroupées, ou non, dans un très vaste choix de pièces variées. Ces deux témoins ont la particularité d'isoler cette œuvre et de la mettre en contact direct avec celle de Jean pour lui donner une valeur séminale à l'égard de celle du poète de la génération suivante.

Pour ce qui est de Jean, au contraire, la comparaison entre les deux recueils donne l'idée d'une œuvre en expansion avec un premier recueil que l'on retrouve élargi et complété dans le manuscrit de l'Arsenal[14].

---

14 Sur les rapports entre les deux manuscrits, voir Ribard (1969, p. 32-38), qui reconnaît une parenté assez étroite entre les deux manuscrits, lesquels « doivent remonter à un archétype commun » (p. 35). Ribard s'appuie sur son « étude comparative systématique sur le texte commun aux trois manuscrits » de Jean de Condé pour ne pas retenir l'hypothèse selon laquelle le manuscrit de l'Arsenal pourrait être « une reprise francisée quant à la langue et enrichie de nouvelles productions » du manuscrit 1446.

LE MANUSCRIT FRANÇAIS 1446
DE LA BIBLIOTHÈQUE NATIONALE FRANÇAISE :
BROUILLONS ET PREMIÈRES ÉDITIONS

Si nous nous tournons à présent plus particulièrement vers le manuscrit 1446, ce sera pour découvrir, avec ce manuscrit factice, un cas assez exceptionnel de mise en recueil. Les résultats de l'analyse du codex par Foulet (1965 [1929]), qu'il est aujourd'hui facile de confirmer grâce à la mise en ligne d'une reproduction numérisée du codex par la Bibliothèque nationale de France, nous indiquent que le volume est constitué de plusieurs parties qui ont pu être à l'origine indépendantes. On y distingue au moins six copistes différents dont les trois premiers sont responsables chacun d'une partie bien distincte du manuscrit : la copie du *Roman de Kanor*, la dernière des continuations en prose du *Roman des Sept Sages* (f° 1-70r°) ; celle du *Couronnement de Renart*, suivi par les *Fables* de Marie de France (f° 71-88v°) et celle des quatre brouillons du *Roman des fils du roi Constant* de Baudouin Butor, dans les marges des textes précédents et sur quelques feuillets restés blancs. Les œuvres de Baudouin et Jean de Condé se présentent ensuite, sous la forme de trois ensembles successifs de pièces, le premier comportant les pièces de Baudouin et les premières de Jean (f° 115-164), puis le deuxième (f° 165-196) et le troisième (f° 197-210) la suite de la collection de Jean. La première de ces sections présente deux changements de mains, au début et à la fin de *La Voie de paradis*, la dernière pièce de la collection des œuvres de Baudouin (f° 145v°-150v°), si bien que plus de trois copistes pourraient avoir été à l'œuvre pour la copie des dits de Baudouin et Jean de Condé[15].

---

15 Dans une thèse de doctorat rédigée sous la direction de Francis Gingras, Julien Stout compte trois copistes pour la première section (f° 115r°-164v°) en se basant sur la présence de ces changements de mains (2020, p. 173, n. 470), mais la présentation des textes copiés aux f° 115r° à 145v° ressemble beaucoup à celle des f° 151r° à 163v°. Un examen de la copie numérisée effectué par Olivier Collet (que je remercie vivement pour sa collaboration) et moi nous amène à constater des similitudes dans le tracé de certaines lettres, abréviations ou mots qui donnent la nette impression que nous pourrions avoir affaire au même copiste. Si cette hypothèse se confirme, il faudrait considérer que deux copistes ont travaillé sur cette première section de dits, l'un prenant en charge l'ensemble des textes à l'exception de la *Voie de paradis*, copiée par l'autre main.

Cet assemblage peut avoir été constitué très tôt dans l'histoire du manuscrit. À l'exception des *Fables* de Marie de France qui se présentent dans un lien étroit avec le *Couronnement de Renart* (Huot, 1987, p. 32-35), tous les textes appartiennent à une aire septentrionale du domaine français et sont liés, sauf dans le cas de Jean de Condé, à la cour des comtes de Flandres. Le *Roman de Kanor* et les brouillons de Baudouin Butor sont dédiés à Gui de Dampierre, et à Hugues II de Châtillon, (Rouse *et al.*, 2010, p. 111-115), le *Couronnement de Renart* à son frère aîné Guillaume III de Dampierre[16].

Mais surtout, les esquisses du roman de Baudouin Butor ont été copiées sur le verso, resté libre, du dernier folio portant la copie du *Roman de Kanor* (fᵒ 70vᵒ), ensuite en bas de page du *Couronnement de Renart* et des *Fables* (fᵒ 71rᵒ-109rᵒ), et enfin sur 6 feuillets (fᵒ 109rᵒ-114vᵒ) de sorte que cette disposition tout à fait particulière atteste la cohérence ancienne de toute la première partie du manuscrit que l'on peut dater de 1295[17]. Olivier Delsaux et Tania Van Hemelryck recensent le manuscrit 1446 comme autographe pour ce qui concerne la copie des brouillons du roman de Baudouin Butor (2010, p. 64 ; 147). Enfin Mary et Richard Rouse ont proposé une analyse circonstanciée des manuscrits du cycle des *Sept Sages de Rome* et une révision de la datation des trois plus anciens manuscrits complets du cycle (Paris, BnF, fr. 22548-49-50 ; Bruxelles, KBR, 9245 et le couple formé par Paris, BnF, fr. 17000 et Londres, BL, MS Harley, 4903). Ils en situent l'élaboration au début du XIVᵉ siècle plutôt qu'à la fin du XIIIᵉ siècle (datation proposée par Gaspar et Lyna pour le manuscrit de Bruxelles) (Rouse *et al.*, 1996, p. 127-141 ; Gaspar *et al.*, 1937-1945, t. 1, p. 281). En conséquence, cette hypothèse place la copie isolée du *Roman de Kanor* dans une position qui devrait être réévaluée par rapport au reste de la tradition manuscrite des *Sept Sages*. Selon Rouse et Rouse, toujours (2010, p. 112), il faut y voir un témoin ancien et proche de la date de composition de la dernière partie du cycle.

Nous avons donc affaire à un manuscrit qui, malgré son caractère factice, ou peut-être justement de ce fait, se présente comme un véritable atelier textuel. Pour ce qui est de l'œuvre de Jean de Condé, en tous

---

16 Voir Chardonnens *et al.* (2012, p. 257-291). Les auteurs soulignent les traits communs entre les Continuations des *Sept sages* et le roman de Baudouin Butor. Il faudrait développer et explorer ce point de plus près encore.

17 Cette date est fournie par le début du troisième brouillon de Baudouin Butor (fᵒ 112rᵒa) (*Le Couronnement de Renard...*, éd. Foulet, 1965 [1929], p. XI ; Thorpe, 1968, p. 7).

cas, il pourrait bien en effet être le témoin d'une œuvre en cours de constitution. Les derniers folios de la première et de la deuxième section (f° 164 et 196) restent blancs, de sorte que Foulet propose de considérer que le recueil des dits des Condé est constitué « de trois manuscrits primitivement séparés » (Foulet, 1965 [1929], p. XIII). La rubrique qui ouvre la seconde section, au f° 165v°, atteste la volonté de faire recueil de ses œuvres et ressemble beaucoup à l'incipit d'une collection de dits :

> F° 165r°. rubrique : Chi commencent li dit que jehans de condé a fai.

Du point de vue de la qualité de la copie, Ribard (1969, p. 32-38)[18] considère que le texte du manuscrit 1446 est plus satisfaisant celui que la copie du manuscrit de l'Arsenal. Si ce dernier semble offrir une mise en scène plus sophistiquée de l'autorité des deux poètes sur leur œuvre, on peut cependant se demander si le manuscrit 1446 ne s'engage pas déjà dans une voie similaire. En effet, en plaçant à la fin du recueil des œuvres de Baudouin la *Voie de Paradis*, que le concepteur du manuscrit de l'Arsenal placera à l'ouverture de la collection, et en la situant à la suite immédiate du *Dit des trois morts et des trois vifs*, ne propose-t-il pas de donner au recueil la forme d'un parcours biographique, se terminant par des perspectives eschatologiques ? Cette disposition évoque en tous cas celle qui s'ébauche dans le manuscrit 837 avec la collection des œuvres de Rutebeuf, se terminant par la *Repentance Rutebeuf*, renommée pour la circonstance *Mort Rutebeuf* (Azzam, 2005, p. 193-201).

Ainsi, en tant que témoin précoce de l'élaboration d'un grand cycle romanesque ; en tant que précieux et rare témoin d'un brouillon médiéval, mais aussi en tant que possible première édition d'un corpus d'œuvres appelées à se refléter l'une l'autre, à la faveur d'une revendication de filiation dans la création poétique, le curieux codex français 1446 présente une configuration tout à fait particulière qui engage divers aspects de la fabrique de l'œuvre.

---

18 L'auteur s'appuie sur les travaux de Willy van Hoecke sur l'œuvre de Baudouin de Condé (1970).

AMOUR, NOBLESSE ET CONDUITE ANIMALE :
APPRIVOISEMENT POÉTIQUE DE L'HÉRITAGE
DE BAUDOUIN DANS L'ŒUVRE DE JEAN

À la lumière de ces divers aveux de la dépendance de l'œuvre de Jean à l'égard de celle de Baudouin, il ne paraît pas incongru de s'interroger sur la manière dont fonctionne l'hypothèse généalogique : si l'une des œuvres doit sa naissance à l'autre ; si, dans le même temps, elle s'élabore dans des manuscrits qui donnent une réalité scripturaire à cet imaginaire de la filiation, peut-on y percevoir le reflet d'une appropriation ou d'une négociation de cet héritage, et si oui, sous quelle forme ? Et surtout, la mise en scène d'un lignage poétique nous apprend-elle quelque chose sur les usages discursifs et énonciatifs des dits ?

La dette de Jean à l'égard de Baudouin est connue, elle a été bien démontrée par Ribard (1969, p. 392-405)[19]. On peut en prendre à témoin son *Dit de gentillesse* qui, par son sujet et par son titre, reflète de très près les thèmes de prédilection de Baudouin. Les deux poètes délivrent une leçon morale sans ambiguïté, ni d'ailleurs grande originalité. L'un et l'autre adoptent une posture philosophique classique qui connaît un grand succès au moyen âge : la vraie noblesse est celle du cœur et non celle du sang (Foehr-Janssens, 2011, p. 213-232) :

> Et ki ki soit gentius de cuer,
> Autre gentillece ne cuer,
> S'il ert fiuz au plus vilain home
> Qui soit en l'empire de Roume,
> Ja pour ce ne le despise on,
> Car il est assez gentius hom.
> Et plus doit estre ramentius
> Li hom vilains de cuer gentius,
> que gentius hon de cuer vilains.
> [...] a droit non,
> Nus n'est vilains se de cuer non,
> Ne nus gentieus hom ensement
> S'il n'oevre de cuer gentiument.
> (Baudouin de Condé, *Dit de gentillesse*, t. 1, p. 178-179, v. 85-93 ; v. 103-106)

---

19 Ribard plaide cependant pour la supériorité du talent de Jean par rapport à celui de Baudouin : pour lui « le fils a dépassé le père » (Ribard, 1969, p. 404-405).

> Car puis que gentius hon aoevre
> Son cuer a faire oevre vilaine,
> Il est vilains, puis qu'il vilainne.
> Che est par tout parole ounie :
> Vilains est qui fait vilounie,
> Aussi chiaus qui est talentius
> D'ouvrer gentiument est gentius ;
> Car, selonc la philosophie,
> Gentilleche ne senefie
> Fors que bien ouvrer et bien faire.
> (Jean de Condé, *Dit de gentillesse*, t. 3, p. 97, v. 14-23)

La bonté morale confère la véritable noblesse, de sorte que l'homme bien né se doit d'œuvrer « gentement », alors que l'homme de bien peut prétendre se distinguer quelle que soit sa naissance. Cette posture, centrale dans les dits des ménestrels, fait coup double : elle vise à établir et confirmer la légitimité d'une éthique aristocratique tout en permettant au poète de cour de revendiquer les vertus de la noblesse pour son propre compte. Notons d'emblée que la filiation occupe une place centrale, mais problématique, dans cet argumentaire qui remet en question, au nom de la morale, l'évidence d'une transmission naturelle des bonnes « teches » d'un père à son fils, que Jean revendique dans son *Dit du lévrier*, cité ci-dessus (t. 2, p. 304, v. 42).

Tout en mettant ses pas dans ceux de Baudouin, Jean infléchit cependant légèrement le propos. Il souligne notamment l'influence de la culture lettrée sur cette rhétorique de la distinction : « selon la philosophie, noblesse ne signifie rien d'autre que d'œuvrer et d'agir pour le bien » (*Dit de gentillesse*, t. 3, p. 98, v. 21-23)[20]. De plus, pour avérer la valeur universelle d'une éthique de la noblesse, Jean se sert de l'argument, lui aussi topique, de l'origine unique, en Adam et Ève, du genre humain :

> Quanqu'il est de fames et d'omes,
> D'un pere et d'une mere sommes :
> D'Adan, que Diex fist, et d'Evain ;

---

20 Voir la citation précédente. Sur les sources « philosophiques » dont a pu disposer Jean, voir Payen (1972, p. 523-536). Cette référence à une tradition philosophique se concrétise dans le *Dit de deux loyaux compagnons* qui se réfère à l'histoire de Damon et Phintias. Jean a pu connaître par l'entremise d'Alard de Cambrai ce célèbre récit exemplaire que l'on peut lire dans le *De Officiis* de Cicéron.

Tout sommes presti d'un levain
Et tout ouni selon la char,
Gentil, vilain, large et eschar,
Haut et bas, roi et duc et conte
Si com poure gent, qui voir conte.
Bien pert au morir et au naistre ;
Là n'a nul segnour ne nul maistre,
Car nature y euvre iveilment.
(Jean de Condé, *Dit de gentillesse*, t. 3, p. 98, v. 41-51)

« Tous pétris d'un même levain, nous sommes pareils selon la chair »
(v. 44-45) et « nature œuvre en tous également » (v. 51) : ces affirmations
égalitaires font dire à Scheler, de manière certes anachronique, que Jean est
« on ne peut plus démocrate par son sentiment, mais il admet l'existence
d'une classe privilégiée pourvu que ce privilège réponde à un mérite ou
à une vertu, et qu'il ne compromette pas "le profit d'umanité" » (Jean
et Baudouin de Condé, éd. Scheler, 1867, t. 3, p. 357)[21].

Toujours est-il que la présence de l'adjectif « iveil » (*aequalis*) nous
fournit des indications fort intéressantes. On en retrouve en effet deux
occurrences, aux vers 99 et 106 du *Dit de la pelote*, pour désigner les
vertus d'un amour « vrai » unissant deux êtres dans un sentiment de
réciprocité :

La tierce amour, cele est la vraie,
Qui sa clarté rent et qui raie
Et qui esprent le cuer hounieste
Et desir loial l'amounieste.
[...]
Et est leur amours si ivielle
C'on ne poroit savoir li quelle
Est menre ; si bien est partie
Qu'elle est en cascunne partie
Si ferme et si enrachinnée,
Si conjointe et si affinnée,
Sans ordure et sans villonnie.
Qu'elle est si ivielle et hounie
Com est la mers quant est sans onde ;
Et en cascun des cuers habonde
Teus loiautés et teus droiture
C'autretant ayme par nature

<hr>
21 Voir *Dit de gentillesse*, t. 3, p. 100, v. 105-117.

L'uns l'autre, a cui s'est conjoins,
Con soi meïsmes, ne desjoins
N'en poet iestre par desjointure.
(Jean de Condé, *Dit de la pelote*, t. 2, p. 262, v. 87-90 ; 99-112)

La référence aux « livres de philosophie » est à nouveau présente[22] dans ce dit qui propose de comparer les échanges égalitaires qui travaillent à unir les amants au jet de la pelote qui, lors du jeu de paume, va et vient entre les lanceurs (v. 120-143)[23]. La conception de cette forme d'amour véritable (v. 87) que Ribard décrit comme amour conjugal en montrant sa conformité avec la prédication de l'Église (Ribard, 1969, p. 187-196), mérite que l'on s'y intéresse, malgré son apparente banalité. Elle prend appui sur la notion de réciprocité caractéristique du discours antique sur la *philia* (« En chacun des cœurs abonde une loyauté et une droiture telle que l'un aime l'autre auquel il s'est allié, autant que soi-même », v. 107-111)[24]. Les vertus affectives, mais aussi civiles, de l'amitié sont projetées sur l'image du couple hétérosexuel et lui confèrent une dimension tant sociale que cosmique. La leçon du *Dit de la pelote* s'inscrit bien sûr dans la tradition des enseignements d'amour, mais dans le contexte des œuvres de Baudouin et de Jean, elle prend un relief particulier, dans la mesure où elle entre en résonnance avec la réflexion morale sur la noblesse. Cette description de l'amour éloigne considérablement la représentation de l'amour hétérosexuel de la pulsion érotique[25]. En ajustant l'amour aux exigences de la loyauté, elle en fait une vertu sociale.

---

22 « Et qui plus avant en vorra / Enquerre, trouver le poura / Ès livres philosophie, / si m'en tairai a ceste fie » (*Dit de la pelote*, t. 2, p. 264, v. 169-172).

23 Le fait de comparer les interactions humaines au va-et-vient d'une balle n'est pas inédite dans le discours de la philosophie morale. On trouve cette image dans le *De beneficiis* de Sénèque (éd. et trad. Préchac, 1972 [1926], t. 1, livre II, XVII, 3) pour décrire la nécessité dans laquelle se trouve le bienfaiteur d'ajuster son bienfait à celui qui le reçoit comme on ajuste son tir au jeu de paume. Le traité de Sénèque reprend la pensée grecque sur l'éthique du don. Celle-ci marque profondément la vie sociale et politique antique, s'intègre dans la doctrine chrétienne (voir par exemple le *De officiis* de Saint Ambroise [*Les devoirs*, éd. Maurice Testard, 1984]) et reste bien entendu active durant la période médiévale.

24 Sur la présence d'une topique de la réciprocité dans la tradition amoureuse médiévale, je me permets de renvoyer à Foehr-Janssens (2010).

25 À propos des vers 106 et 107 du *Dit de la pelote* (t. 2, p. 262), Ribard note : « certes on est loin ici de tout romantisme et à cette évocation d'une mer sans onde [*Ivielle et ounie*] on se prendrait volontiers à regretter le philtre de Tristan et les orages de la passion » (Ribard, 1969, p. 192). Dans la *Prison d'amour*, tout au contraire, Baudouin

Tel est aussi le propos d'un autre texte de didactique amoureuse, le curieux *Lai de l'ourse*[26]. Il s'agit d'une pièce assez savoureuse, dont le propos principal est, comme dans la *Dit de la pelote*, de faire, de façon imagée, la louange de l'amour :

> Une vertus est de grant pris :
> Amours ; li cuers par li espris
> Qui a droit l'estincele en sent
> A toute hounour faire s'assent
> Et heit ordure et vilounie.
> En douchour change felounie
> Et orgueil en humilité ;
> Amours par sa nobilité ;
> Et le vilain fait gentil estre,
> Changier li fait son vilain estre,
> Et li fait gentilment tenir
> Son cors et hounour maintenir,
> Car elle l'affaite et le duist
> Et voie d'ounour le conduist.
> (Jean de Condé, *Lai de l'ourse*, t. 3, p. 171, v. 1-14)

Jean explicite ici le lien entre amour et noblesse, puisque l'une comme l'autre mettent la distinction entre nobles et vilains au défi d'un discours sur la valeur personnelle : « par sa noblesse, Amour transforme le vilain en noble » (v. 9-10). Cette transformation est présentée comme un « affaitement » (un façonnage, une mise en forme) et une conduite (v. 13 : « car elle l'affaite et le duist »). Elle trouve son illustration dans le comportement de l'ourse à l'égard de son petit. L'ourse, en effet, lèche ses enfants nés sans forme et leur donne l'apparence et la nature ursine qui doit être la leur ; elle façonne donc (« parfait », t. 3, p. 172, v. 23 ; « donne forme et figure », t. 3, p. 172, v. 28) sa progéniture au moyen de sa langue :

> Et ensement de l'ourse avient,
> Car l'ourse delivrer couvient

---

se met en scène comme un amant malheureux victime des rigueurs de sa dame, dans la plus pure tradition de la *fin'amor*.

26 Le *Lai de l'ourse* figure deux fois dans le manuscrit Paris, BnF, Arsenal, 3524 (f° 94v° et 138). Placé, comme dans le manuscrit Paris, BnF, fr. 1446, entre le *Dit des charneus amis qui se heent* et le *Confort d'amour*, on le retrouve comme pièce finale du recueil (voir le tableau fourni en annexe). Faut-il faire de ce redoublement un indice de l'importance particulière accordée à ce texte ?

> Anchois qu'ele ait porté son droit,
> Si vous conterai chi endroit
> De quel porture se delivre.
> Une pieche de char li livre
> Nature, qui est bestournée,
> S'est li ourse a ce atournée
> Qu'au lechier son faon parfait.
> Veis chi un moult merveillous fait
> De nature, qui en mainte oevre
> El monde diverssement oevre,
> Comment li oursse par nature
> Donne au lechier fourme et figure
> A son faon, qui en teil point
> Naist que de figure n'a point.
> (Jean de Condé, *Lai de l'ourse*, t. 3, p. 171-172, v. 15-30)

Les sources de cette description ne se trouvent pas directement dans les bestiaires, où l'ours n'a pas sa place, mais elles sont facilement repérables dans la tradition antique et patristique[27]. Les traités d'histoire naturelle et les bestiaires véhiculent avec insistance des représentations liées à la gestation et à la reproduction animales. Ainsi le lion souffle-t-il sur ses petits mort-nés pour les amener à la vie, exprimant ainsi la puissance créatrice de Dieu[28]. L'ourse agit de manière comparable, mais en léchant sa progéniture, née sans forme distincte. La différence entre ces deux actions mérite que l'on s'y attarde. L'action de l'ourse ne regarde pas au don de la vie, elle vise la bonne conformation des petits. Si le souffle paternel vivifiant confère au lion un pouvoir divin de vie et de mort sur sa progéniture, le mouvement de la langue de l'ourse témoigne de la puissance du soin qui modèle la portée et conduit à son terme la gestation physique. Dans les sources latines, la croyance en la vertu formatrice du léchage s'exprime de manière récurrente par des expressions comme *lambendo figurare* (Pline) et *lambendo in artus fingere et in formam* (Ovide) ou encore *lingua fingere atque*

---

27 Aristote, *Histoire des animaux*, VI, 30 ; Pline, *Histoire Naturelle*, VIII, 54 (36), 126 ; Ovide, *Métamorphoses*, XV, 379 ; Elien, II, 19 ; Ambroise, *Hexaméron*, VI, iv, 18 : Isidore, *Etymologiæ* XII, 2, 22 : *ursus fertur dictus quod ore suo formet fetus, quasi orsus* (l'ours, dit-on est ainsi nommé parce qu'il donne forme à ses petits avec sa gueule). Raban Maur, *De Universo*, Viii 3. *Cf.* Pastoureau (2007).

28 La description de la nature du lion ouvre le *Physiologos* (trad. Zucker, 2004). Sur ce modèle, la notice concernant le lion figure régulièrement en tête des bestiaires vernaculaires.

in speciem sui similitudinemque formare (Saint Ambroise). Par ailleurs, lécher les petits n'est pas seulement le fait des ourses : dans les récits consacrés à l'adoption de Romulus et Rémus par la louve, on retrouve les mêmes expressions :

> Dans l'antre verdoyant de Mars, la louve, qui venait de mettre bas, y était représentée ; les deux enfants jouaient pendus à ses mamelles et tétaient leur nourrice sans trembler. Elle, la tête mollement tournée vers eux, les caressait l'un après l'autre et façonnait leurs corps en les léchant (*corpora fingere lingua*) (Virgile, *Énéide*, éd. Durand, trad. Bellessort, 1970 [1936], t. 2, 8, 631-634).

De même chez Ovide :

> Elle [la louve] s'arrête, caresse avec sa queue les tendres nourrissons et, de sa langue, façonne leur corps (*et fingit lingua corpora bina sua*) (Ovide, *Les Fastes*, trad. Schilling, 1992, t. 1, 2, 417-418).

La récurrence du verbe *fingere* exprime clairement les conceptions antiques et médiévales concernant les soins de la périnatalité : l'allaitement ou le léchage chez les animaux, mais aussi le bain et l'emmaillotage chez les humains, sont conçus comme des actes qui ne se limitent pas à assurer la survie de la progéniture, mais qui, dans les premiers mois de la vie extra-utérine, prolongent et mènent à son terme le travail de la gestation. Ils se situent entre la physiologie et l'éducation. Les verbes utilisés par Jean pour désigner les soins de l'amour-ourse reflètent cette conception : « afaitier » c'est façonner, mais aussi apprivoiser, dresser un animal ou éduquer un enfant (TL I, 171, 35-173, 52). Le verbe « duire » qui apparaît en doublet synony-mique avec « afaitier » recouvre lui aussi le vocabulaire du dressage animal et de l'enseignement (TL II, 2095, 52-2097, 45). Les soins de puériculture ne se laissent pas assujettir à une représentation rigide de l'opposition entre *nature* et *nourreture*. Leurs propriétés font vacil-ler celle-ci en introduisant une forme de perméabilité entre ces deux pôles. Le léchage permet à l'ourse de « faire son faon », il opère une curieuse formation « par nature » :

> Enssi com je vous ai retrait
> Que li oursse fait son faon,
> Dont tant leche char et breon,

> Qui naist sans figure et sans fourme,
> Qu'à point par nature le fourme.
> (Jean de Condé, *Lai de l'ourse*, t. 3, p. 175, v. 124-128)

Dans le *Lai de l'ourse* viennent confluer plusieurs aspects principaux de l'œuvre de Baudouin que Jean reprend à son compte : le
thème de la noblesse de cœur et de sang, la moralisation de figures
animales et la louange de l'amour. Cependant, en réorientant la
didactique amoureuse vers les qualités spirituelles et politiques de
la *philia*, symbolisées par les soins de l'ourse, Jean semble viser, plus
que Baudouin, une forme de conciliation entre les réalités affectives,
spirituelles et mondaines.

Selon une logique apparemment similaire, Baudouin de Condé fait,
dans son *Dit du dragon*, l'éloge de l'éléphante qui protège son petit de
l'attaque du dragon en accouchant dans l'eau :

> Si vous di, a voir regarder,
> Qui se veut del dragon garder,
> Si prende garde à l'olifant,
> Dont li fumiele, ains qu'ele enfant,
> S'en vait en une aigue enfanter,
> U li dragons ne puet anter.
> (Baudouin de Condé, *Dit du dragon*, t. 1, p. 75-76, v. 363-368)

Les mœurs de l'éléphante illustrent la vertu de prudence, comme
celles de l'ourse renvoient à l'amour. Mais un examen plus attentif du
dit fait apparaître tout ce qui distingue Jean de son père. Baudouin situe
la bienveillance maternelle dans un monde dominé par la confrontation
entre les forces du bien et celles du mal. Fidèle en cela aux descriptions
des bestiaires, il oppose l'éléphant et le dragon. Pour Baudouin, ce dernier
est l'emblème par excellence des médisants, de sorte que, dans son dit,
l'acte de lécher, en écho avec les connotations négatives du terme, n'est
rien d'autre qu'une agression du Dragon, ce *lecheor*, contre les assauts
duquel l'éléphante protège son petit :

> [...] li dragons ne mort nului,
> Mais il envenime au lecier
> Çou qu'il puet de langue touchier,
> [...]
> Nient plus li mesdisans ne mort,

Mais il a langue de malime,
Qui tous jors leche et envenime.
J'apiel lecier, à voir retraire,
Le biel samblant, le biel atraire,
Dont li mesdisant s'entremetent,
Et ki a chou grant paine metent,
C'on s'aseüre en iaus et fie
De chou que leur cuer plus defie.
Et quant il ont les gens atrais
Et alechiés par lor faus trais,
Tant qu'il sevent de lor covine,
Lors en mesdient de ravine,
Del pis k'il pueent, en derriere,
Li felon de pute maniere.
(Baudouin de Condé, *Dit du dragon*, t. 1, p. 71, v. 230-232 ; 236-250)

Jean au contraire retourne cette image pour inscrire l'acte de lécher dans l'imaginaire de la génération, afin de conjoindre la naturalité de la procréation et le devoir d'éducation. Avec l'ourse, il propose une vision favorable de l'action animale et de la relation de domestication. On trouve dans son œuvre d'autres témoignages de cette tendance originale, puisque Jean va jusqu'à dépeindre, dans le *Dit du lévrier*, la manière dont un jeune chien devient la nourrice et le gardien de son maître, devenu fou. Dans le *Dit de force contre nature*, il tire un parallèle entre le dressage (*duire*, t. 3, p. 262, v. 25, 32, 36) des animaux par les jongleurs et les « bons mots » que le ménestrel dispense pour « amender » ceux qui l'écoutent :

De ce sui souvent esperdus,
Que j'ai tant de biaus mos perdus
As pluseurs qui oïs les ont,
Qui petit amendez en sont,
Et nous veons duire une beste,
Qui de sens est ruide et rubeste,
Si com cheval ou ours ou chien,
En cui n'a ne sens ne engien
Autre que beste doit avoir.
Si puet on en apert savoir
Que cil jougleour qui les mainnent
A ce les duisent et amainent,
Qu'eles aprenent et retiennent
Ce que li mestre qui les tienent

Leur enseignent pour gent deduire.
Pour ce puet une beste duire,
C'est grans merveille et grans meschiez
C'uns hom ne puet estre adrechiez
Au bien en son cuer retenir.
(Jean de Condé, *Dit de force contre nature*, t. 3, p. 262, v. 21-39, ms. B)[29]

À la lumière de ce faisceau d'occurrences, il devient aisé de comprendre que l'ourse, comme figure de parentalité, fait image pour le ménestrel dont la leçon vient amoureusement donner forme à l'homme bien né en l'affaitant, en le conduisant à la vertu :

Enssi amours par sa poissance
Donne au rude home connoissance
Et l'agensist moult soutilment,
Tant qu'il se maintient gentilment,
Et si a beance a hounour.
(Jean de Condé, *Lai de l'ourse*, t. 3, p. 175, v. 129-133)

Ainsi le fils réoriente-t-il la vision du monde un peu clivante de son père. Poète de la seconde génération, il développe une éthique du dire particulièrement subtile. En s'appuyant sur l'œuvre de son père et prédécesseur, qui revendique hautement la noblesse du dit, le ménestrel peut se projeter, sans craindre de déchoir, dans l'image de l'ourse, de l'éléphante ou du chien pleins d'amour et de sollicitude afin de légitimer sa tâche d'« affaitement » et d'apprivoisement de son public. Sans avoir l'air d'y toucher, sa poétique vient brouiller les limites qui séparent les rôles sexués de la parentalité, la nature de la culture, l'homme de l'animal. Le fils prend à son compte les soins d'une mère, l'animal instruit et protège l'homme, la langue du subalterne donne forme à la connaissance qui ennoblit.

Plus qu'un genre, plus qu'une mode, le dit est un mode de faire littéraire déterminant pour le XIIIᵉ et le XIVᵉ siècle parce qu'il sert à consolider l'émergence de la figure de l'auteur. Dans le cas de Jean de Condé, la métaphore de la filiation, tant littéraire que biographique, qui le lie à Baudouin de Condé, est au cœur de cette affirmation de soi. Elle s'élabore d'un livre à l'autre, seulement en germe dans le manuscrit 1446,

---

29   Voir aussi v. 65.

elle s'actualise dans le manuscrit 3524, recueil des œuvres parentes des deux poètes, et se revendique dans le *Lai du lévrier*. Elle est aussi à l'œuvre dans les dits inspirés du Bestiaire et s'offre comme une image complexe qui lui sert à affirmer sa place dans un genre « généalogique » du dit, mais aussi la relation complexe avec ses interlocuteurs princiers, qui le nourrissent, mais qu'il invite à vivre sous sa conduite.

Yasmina FOEHR-JANSSENS
Université de Genève

ANNEXE

Tableau comparatif des contenus des manuscrits Paris,
BnF, fr. 1446 et Paris, Arsenal, 3524

Ms. Paris, BnF, fr. 1446	Ms. Paris, Arsenal, 3524
Baudouin de Condé	**Baudouin de Condé**
	Voie de Paradis
Dit du pélican	Dit du pélican
Dit d'amour	Dit d'amour
Dit de la Rose	Dit de la Rose
Dit de la chair	Dit de la chair
Dit du monde et des mondés	Dit du monde et des mondés
Dit du fust	Dit du fust
Dit d'amour fine	D'amour fine
Dit des hérauts	Dits des hérauts
Dit de Gentillesse	Dit de Gentillesse
Dit de la pomme	Dit de la pomme
Ave Maria	Ave Maria
Dit de l'avare	Dit de l'avare
Dit du pel	Dit du pel
Dit du Garde-corps	Dit du Garde-corps
Conte du bachelier	Conte du bachelier
Dit du dragon	Dit du dragon
Manteau d'Honneur		Manteau d'Honneur
Dit du Prud'homme	Dit du Prud'homme
Dit d'envie	Dit d'envie
Dit des Trois morts et des trois vifs	Dit des Trois morts et des trois vifs
Voie de Paradis	
F° 150v :	
ci fine la voie de paradis	

Jean de Condé Fᵒ 151	Jean de Condé Fᵒ 50v : *Ci finent li dit Bauduin de condeit et commencent après li Jehan son fil* **La messe des oiseaux** **Le dit d'entendement**
Dit de Gentillesse	Dit de Gentillesse
Des haus homes	Des haus homes
De l'omme qui avoit .III. amis	De l'omme qui avoit .III. amis
Le dit du vrai sage	Le dit du vrai sage
Pour quelles deux choses on vit au siècle	Pour quelles deux choses on vit au siècle
Castois du jeune gentil homme	Castois du jeune gentil homme
Dit de la chandelle	Dit de la chandelle
Ave Maria	Ave Maria
De .II. loiauz compagnons	De .II. loiauz compagnons
De cointise	De cointise
Vers rétrograde d'amours	Vers rétrograde d'amours
La fourmi	La fourmi
Dit de Fortune	Dit de Fortune
Le cerf amoureux (attribution douteuse) **Fᵒ 164 blanc** Changement de copiste Fᵒ 165 *Chi commencent li dit que jehans de condé a fait : premiers*	Dit de franchise
Des mahommés des grands seigneurs	Des mahommés des grands seigneurs
Le dit des charneus amis qui se heent	Le dit des charneus amis qui se heent
Le lai de l'ourse	Le lai de l'ourse
Li confors d'amours	Li confors d'amours
De l'hypocrisie des jacobins	De l'hypocrisie des jacobins
Des vilains et des courtois	Des vilains et des courtois
Du clerc qui fu repus derrière l'écrin	Du clerc qui fu repus derrière l'écrin
Pourquoi on doit femmes honorer	Pourquoi on doit femmes honorer
Le dit du papillon	Le dit du papillon
De Monseigneur Enguerrand de Marigny	

Le dit du singe	Le dit du singe
Des mauvais usages du monde	Des mauvais usages du monde
Le dit de portejoie	Le dit de portejoie
Le dit des trois sages	Le dit des trois sages
Le mariage de hardement et de largesse	Le mariage de hardement et de largesse
Le dit du sanglier	Le dit du sanglier
Du los du monde	Du los du monde
Le dit du lion	Le dit du lion
Le dit de l'aigle	Le dit de l'aigle
Du vilain dépensier	Du vilain dépensier
Le dit de beauté et de grâce	Le dit de beauté et de grâce
Le dit de la pelote	Le dit de la pelote
La messe des oiseaux **Fº 196 blanc** Fº 197 Changement de copiste **Le Dit d'entendement**	
Le dit des jacobins et des fremeneurs	Le dit des jacobins et des fremeneurs
	Le dit de la richesse qu'on ne peut avoir
	Le dit de la force contre nature
	Le dit du Seigneur Enguerrand de Marigny
	Le dit du miroir
	Des losengiers et des vilains
	Le dit de la bonne chère
	Du prince qui croit bourdeurs
	Le dit de la torche
	Le dit du sentier battu
	Le dit de la fontaine
	Le dit du manteau de saint Martin
	Le dit des lus et des bechés
	Le lai de l'ourse

PAR CEST ESSAMPLE DOIT ENTENDRE...

Le statut du récit
dans la définition médiévale du dit

Alors qu'il n'est pas rare de trouver dans les textes médiévaux la critique des *fabloieurs* et des conteurs qui utilisent le récit pour corrompre les mœurs, le *Dit du chevalier et de l'escuier* s'ouvre avec l'éloge inhabituel du métier de conteur :

> Moult est bone acointance d'estoire,
> Bien m'en puis percevoir et en maint lieu souvent
> Que, quant je dis un dit a tous generaument,
> Car il nous couvient vivre des bons premierement.
> (Jehan de Saint-Quentin, éd. Munk Olsen, 1978, p. 68, v. 1-4)

Dans le cadre d'une interprétation urbaine de la *captatio benevolentiæ*, le narrateur signale implicitement, grâce au terme *estoire*, le caractère narratif du dit qu'il s'apprête à commencer. Or, en regard des dits que l'on pourrait qualifier de lyriques (poèmes, éloges, etc.), discursifs (critiques, plaidoyers, etc.) ou lyrico-narratifs (tels que le *Voir dit* et le *Dit de la panthère*), les dits à dominante narrative sont plutôt rares. Si l'on retire de la liste de Monique Léonard tous les textes qui se désignent comme *fable, fabliau, lai* ou *miracle* dans le corps du texte ou dans le paratexte (Léonard, 1996, p. 358-400), il reste 34 textes qui donnent à lire des récits. L'examen de ce corpus réduit révèle un nombre important de caractéristiques communes, au point qu'il est possible d'envisager ce groupe de textes comme une sous-catégorie ou un sous-genre[1] du dit. Le

---

1   En biologie, le « sous-genre » est une subdivision immédiatement subordonnée au genre ; il agit comme une classification additionnelle permettant de regrouper des caractéristiques supplémentaires qu'on ne retrouve pas dans toutes les manifestations d'un genre. Il ne s'agit pas d'une notion qui est particulièrement féconde du côté des études littéraires, mais elle permet tout de même de témoigner de la spécificité de ces dits qui racontent des histoires.

trait le plus particulier de cet ensemble est fort probablement le dispositif énonciatif, qui commence au *je* dans le prologue, qui passe au *il* lors du récit et qui se termine au *nous* lors de l'épilogue. Ce caractère transitoire semble être l'une des caractéristiques qui permet de distinguer le dit des autres formes de la fin du Moyen Âge. Il sera alors question d'observer cette modulation de la voix dans son processus, c'est-à-dire d'examiner les moments pivots du discours et de l'enchaînement *je : il : nous*. Ce travail fera ressortir un mode de lecture particulier des dits, dont la forme impose une façon singulière de *dire* et d'*entendre*.

DÉFINITION DU CORPUS
ET EXAMEN CODICOLOGIQUE

Au cours des dernières décennies, les narratologues ont régulièrement tâché de définir la notion de « récit ». Dans *Figures III*, Gérard Genette, que l'on considère parfois comme le père de la narratologie, distingue le vocabulaire théorique lié à la narration en nommant *histoire* « le signifié ou le contenu narratif », *récit* « le signifiant, énoncé, discours ou texte narratif » et *narration* « l'acte narratif producteur et, par extension, l'ensemble de la situation réelle ou fictive dans laquelle il prend place » (Genette, 1972, p. 72). Pour qu'une pièce textuelle soit considérée comme narrative, elle doit intégrer une « succession d'évènements, réels ou fictifs, qui font l'objet [d'un] discours » (*ibid.*). Cette définition permet d'exclure un nombre important de dits qui ne suivent pas les actions de personnages dans un cadre spatio-temporel défini.

Il existe toutefois quelques cas problématiques qui résistent à cette définition du narratif. Tel est le cas du *Dit du hardi cheval*, un dit atypique de 60 vers du XIIIᵉ siècle, où un narrateur qui incarne un marchand énonce à voix haute les qualités de son cheval dans le but de le vendre (Meyer, 1912, p. 90-94). S'il y a bien *stricto sensu* un personnage qui accomplit des actions, le *Dit* se limite à son discours et ne donne pas à lire de « successions d'évènements » en tant que tel. À cet égard, la notion de « tension narrative », telle que développée par Raphaël Baroni, permet de resserrer davantage notre définition du dit narratif. Ce dernier définit ce phénomène comme ce « qui survient lorsque l'interprète d'un récit est encouragé à attendre un dénouement, cette attente étant caractérisée par une anticipation teintée d'incertitude qui confère des traits passionnels à l'acte de réception » (Baroni, 2007, p. 18). Le processus de *mise en tension*, qui ne saurait s'appliquer au *Dit du hardi cheval*, permet bien de cerner la spécificité des dits narratifs qui se fondent sur des séquences d'actions et qui éveillent la curiosité de leurs lecteurs[2].

À partir de ces traits définitoires du récit, la lecture de l'ensemble des dits a permis d'identifier 34 dits non allégoriques[3] où le caractère narratif domine. Il s'agit des œuvres suivantes :

- les 26 dits que l'on attribue habituellement à Jean de Saint-Quentin et qui ont été édités par Birger Munk Olsen (1978) ;
- le dit *Dou fighier*, le *Dit de l'homme qui avait .iii. amis* et le *Dis dou varlet ki ama la femme au bourgois* de Jean de Condé (éd. Scheler, 1866-1867, t. 2, p. 85-89 ; t. 3, p. 111-116 et t. 2, p. 243-246) ;
- le *Dit de la dent* de Hue Archevesque (*Recueil...*, éd. Montaiglon *et al.*, 1872, t. 1, p. 147-152, XII) ;
- le *Dit de Robert le Diable* (éd. Breul, 1895, p. 464-509) ;
- le *Dit de Guillaume d'Engleterre* (*Chroniques*, éd. Michel, 1840, t. 3, p. 173-211) ;
- le *Dit de la brebis dérobée* (éd. Léonard, 1983) ;
- le *Dis dou vrai aniel* (éd. Tobler, 1912).

Si cette liste vise l'exhaustivité, il est possible que certains textes aient été oubliés en raison de la taille gargantuesque du corpus des dits. Elle se rapproche néanmoins de celle proposée par Séverine Abiker qui a travaillé sur les œuvres narratives brèves du Moyen Âge dans le cadre de sa thèse et qui a également remarqué le statut particulier des dits

---

2   Il faut néanmoins préciser que la tension est parfois mince dans les *dits*, qui se plaisent souvent à expliciter le dénouement de leur récit dès les premiers vers du texte, comme dans le *Dit de Robert le Diable* où on peut lire au dix-septième vers – avant même que l'intrigue ne soit dévoilée ! – que le personnage éponyme sera « absous des maus qu'avoit brasces » (éd. Breul, 1895, p. 465, v. 17).

3   Les dits allégoriques donnent bien à lire des récits, comme dans les nombreux songes que l'on retrouve dans le paysage littéraire médiéval, mais ils n'utilisent pas le récit de la même façon que les autres membres du sous-genre strictement narratif. Du point de vue de l'énonciation, le *je* du prologue est habituellement conservé lors du récit. Nous reviendrons à cette idée plus tard.

à caractère narratif[4]. Il apparaît par ailleurs que ces récits ont été rédigés dans une période restreinte, soit de la fin du XIIIe siècle (avec le *Dit de Guillaume d'Engleterre*, version abrégée et remaniée du *Roman* au même nom) jusqu'au début du XIVe siècle, avec les dits attribués à Jean de Saint-Quentin.

L'examen des manuscrits dévoile qu'ils sont distribués dans les quinze *codices* suivants :

- Paris, BnF, fr. 24432 [24 dits : *Le Dist que l'on clamme respon, Le Dist des trois chanoinnes, Le Dist des .iii. pommes, Le Dit de la bourjoise de Romme, Le Dist des .ii. chevaliers, Le Dit de l'enfant rosti, Le Dit du povre chevalier, Le Dit du chevalier et de l'escuier, Le Dit de la borjoise de Narbonne, Le Dit du chevalier qui devint hermite, Le Dit du cordouanier, Le Dit du petit juitel, Le Dit de l'enfant qui sauva sa mere, Le Dit de l'eaue beneoite et du vergier, Le Dit du riche home qui geta le pain a la teste du povre, Le Dit du chien et du mescreant, Le Dit de la pecheresse qui estrangla .iii. enfants, Merlin Mellot, Le Dit de Flourence de Romme, Le Dit des annelés, Le Dit du buef, Le Dit de la beguine* et *Le Dit de Robert le Diable*] ;
- Roma, Biblioteca Casanatense, 1598 [2 dits : *Dou fighier* et *Li Dis dou varlet ki ama le femme au bourgois*] ;
- Paris, BnF, fr. 25566 [2 dits : *Li Dis de le brebis desreubee* et *Li Dis du vrai anel* ;
- Paris, BnF, fr. 12483 [2 dits : *Le Dit de Merlin Mellot* et *D'une abesse que nostre dame delivra de confusion*] ;
- Paris, BnF, fr. 378 [1 dit : *De la brebis desrobee*] ;
- Paris, BnF, fr. 837 [1 dit : *Le Dit de la dent*] ;
- Paris, BnF, fr. 1446 [1 dit : *Li Dis de l'ome qui avoit .iii. amis*] ;
- Paris, BnF, fr. 1881 [1 dit : *Le Dit de Robert le Diable*] ;
- Paris, BnF, fr. 5036 [1 dit : *Le Dit des annelés*] ;

---

4   « Un problème de recensement s'est présenté dans l'élaboration d'un échantillon de dits. Les recueils reconstitués par A. Scheler pour rassembler les œuvres de Baudoin et Jean de Condé, ainsi que le volume qu'il a consacré à celles de Watriquet de Couvin, ont été explorés avec des résultats contrastés. Un grand nombre de ces dits ne sont guère narratifs, et, en exceptant ceux qui se trouvent aussi dans le *Nouveau Recueil Complet des Fabliaux*, on a grand peine à en isoler une dizaine dont on puisse estimer qu'ils racontent véritablement une histoire. De même, il a fallu opérer une sélection dans le vaste corpus de *dits* établi par M. Léonard, de façon à isoler ceux qui méritent le qualificatif de "narratifs" » (Abiker, 2008, p. 24).

- Paris, BnF, fr. 12604 [1 dit : *Le Dit de Robert le Diable*] ;
- Paris, Bibliothèque de l'Arsenal, 2115 [1 dit : *La Vie saint Sauveur l'ermite*] ;
- Paris, Bibliothèque de l'Arsenal, 3524 [1 dit : *Li Dis de l'ome qui avoit .iii. amis*] ;
- Besançon, Bibliothèque municipale, 588 [1 dit : *Le Dit de Robert le Diable*] ;
- Grenoble, Bibliothèque municipale, 319 [1 dit : *Le Dit de Florence de Romme*] ;
- London, British Library, Additional, 15606 [1 dit : *Le Dit de Guillaume d'Engleterre*].

Une concentration forte est visible dans le manuscrit BnF, fr. 24432, un manuscrit du milieu du XIVᵉ siècle rédigé en Île-de-France ou dans l'Oise (Azzam *et al.*, 2010, p. 16) qui contient plusieurs pièces courtes de genres différents, tels que des lais, des fables et le fabliau *Boivin de Provins*, mais également des œuvres lyriques et religieuses. Dans *Codex and Context*, Keith Busby note que l'assemblage des textes témoigne d'une volonté d'encyclopédisme (2002, p. 499 et 578). À cela, nous ajoutons la brièveté comme critère unificateur, une notion qui a récemment fait l'objet d'études approfondies comme on en trouve dans le collectif *Faire court. L'esthétique de la brièveté dans la littérature du Moyen Âge* (Croizy-Naquet *et al.*, 2011, p. 348). De tels travaux montrent que la volonté d'être concis se lie souvent d'un désir de didactisme, bien présent dans les dits narratifs.

Depuis l'édition de Birger Munk Olsen, la critique a eu tendance à attribuer la majorité des dits narratifs à Jean de Saint-Quentin, qui signe le *Dit du chevalier et de l'escuier* (« Jehan de Saint-Quentin dit que l'en doit servir », éd. Munk Olsen, 1978, p. 76, v. 221). Le rassemblement de la plupart de ses pièces (sauf *La Vie saint Sauveur l'ermite* et le récit *D'une abesse que nostre dame delivra de confusion*) dans le manuscrit BnF, fr. 24432 semble être un argument probant à cette attribution[5]. Or, s'il y a des ressemblances manifestes entre les vingt-quatre œuvres qu'il aurait écrites, il est plus bénéfique de les envisager par leur poétique commune. Birger Munk Olsen émettait lui-même des réserves dans l'introduction de son édition :

---

5   Telle est l'idée avancée par Birger Munk Olsen (Jehan de Saint-Quentin, éd. Munk Olsen, 1978, p. IX).

> Même si l'on n'a pas encore prouvé de façon définitive que tous ces *Dits* ont
> été composés par lui, il n'en reste pas moins qu'ils constituent un groupe tout
> à fait homogène, uni par les mêmes procédés de versification et de style, la
> même langue et, à peu près, la même inspiration (Jehan de Saint-Quentin,
> éd. Munk Olsen, 1978, p. x).

Mais tout cela – la versification, le style, la fonction du récit – relève
davantage du genre littéraire que de l'auctorialité. Le fait que les dits
narratifs aient été regroupés dans un même manuscrit n'est pas suffisant
pour affirmer qu'ils ont été écrits par le même auteur[6]. Les ressemblances formelles et l'idée d'une fonctionnalité particulière semblent
plus aptes à rapprocher ce lot d'histoires brèves. Même pour un genre
aussi difficile à appréhender que le dit, il est possible de repérer les
principales caractéristiques qui régissent leur écriture. En analysant les
traits des dits narratifs, il sera possible de voir que ce groupe de textes
ont été construits dans un moule semblable, un moule énonciatif bien
précis qui fait alterner subjectivité discursive et objectivité narrative.

DU *JE* DISCURSIF AU *IL* DIÉGÉTIQUE

Dans l'article consacré au dit dans le *Grundriss der romanischen
Literaturen des Mittelalters*, Jacqueline Cerquiglini-Toulet écrit que « le
dit relève d'une énonciation en *je* […] et d'un temps : le présent »
(Cerquiglini-Toulet, 1988, p. 87). Cette affirmation permet de signaler,
par contraste, la spécificité des dits narratifs qui n'ont recours à ce dispositif que dans les premières lignes de chaque texte, avant de passer
à une énonciation à la troisième personne (*il*) au moment de relater le
récit. Par exemple, le *Dist que l'on clamme respon* s'ouvre avec un prologue
de 20 vers qui s'ouvre ainsi :

> En la douce loange de la Vierge pucelle,
> Roïne glorieuse, Marie, Dieu ancelle.

---

6   De plus, il faudrait se demander pourquoi *Le Dit de Robert le Diable*, qui fait partie du
     BnF, fr. 24432 et qui ressemble beaucoup aux autres dits en quatrains d'alexandrins de
     Jean de Saint-Quentin, ne lui est pas attribué.

Qui le dous Jhesucrist nourri de sa mamelle,
Vueil recorder un dit dont la matiere est belle.
(Jehan de Saint-Quentin, éd. Munk Olsen, 1978, p. 3, v. 1-4)

Dans cet extrait, l'énonciation subjective est marquée par le verbe *vouloir* conjugué à la première personne du singulier au quatrième vers. Ce commentaire est plutôt significatif en ce que le désir d'écriture du narrateur est accompagné d'une désignation de contenu (« belle matiere ») et de forme (« un dit »). D'entrée de jeu, le prologue insiste sur la narrativité de la matière qu'il s'apprête à énoncer. La *captatio benevolentiæ* s'effectue d'abord par l'entremise d'un rapport individuel au texte.

L'énonciation au *je* est encore utilisée au vers 20, qui clôt le prologue, où l'on peut lire : « D'un chevalier gentil vous vendré recorder. » Ce vers marque toutefois la transition vers un nouveau dispositif énonciatif à la troisième personne du singulier :

De Normendie [le chevalier] estoit, ce est verité fine,
Il avoit une dame loialle et enterine ;
Il en ot une fille de si bonne doctrine
Que de son cuer servoit la tres haute Roïne.
(Jehan de Saint-Quentin, éd. Munk Olsen, 1978, p. 4, v. 21-24)

Le passage au *il* et à l'imparfait marque le début du récit, qui s'étend jusqu'au vers 185. Cette énonciation n'est pas étonnante en ce qu'elle est celle qu'emploient pratiquement tous les récits de fiction en langue vernaculaire de la fin du XIIe siècle jusqu'au début du XIVe siècle[7], avant que des formes nouvelles tels les récits allégoriques expérimentent avec des narrations au *je*. À partir du vers 21 du *Dist que l'on clamme respon* (Jehan de Saint-Quentin, éd. Munk Olsen, 1978, p. 4), le lecteur suit les aventures d'un chevalier de Normandie qui tombe dans l'indigence

---

7   Les récits d'Huon de Méry et de Raoul de Houdenc constituent des exceptions notables à cette affirmation. Ces deux romanciers énoncent toutefois une volonté de se distinguer de Chrétien de Troyes et ce changement d'énonciation pourrait être envisagé comme une façon de se démarquer de l'auteur champenois. Dans le *Tournoi de l'Antéchrist*, rubriqué *Dit d'Antéchrist* dans le BnF, fr. 24432, Huon de Méry se positionne directement par rapport à Chrétien de Troyes dans le prologue de son récit allégorique : « Por ce que mors est Crestïens / De Troies, cil qui ot tant de pris / De trover, ai hardement pris / De mot a mot meitre en escrit / Le tournoiement Antecrit » (Huon de Méry, éd. Wimmer, 1995, p. 39, v. 22-26). Sur ce passage et sur la pression des auteurs du XIIIe siècle d'écrire après Chrétien, voir Beate Schmolke-Haselmann (1972, p. 31-40).

et qui doit se résoudre à vendre les services de sa fille à un chanoine, avant que l'apparition de la Vierge n'interrompe l'entente scandaleuse.

Du point de vue formel, le passage du prologue à l'intrigue est donc particulièrement clair puisqu'il s'accompagne d'un changement énonciatif. Cette transition d'une narration au *je* à une narration au *il* s'interprète bien à l'aide des travaux du linguiste Émile Benveniste qui a distingué l'« histoire » du « discours » en observant les embrayeurs qui accompagnent chaque prise de parole. Pour le linguiste, l'énonciation dite « historique » fait appel à un narrateur à la troisième personne qui « ne s'oppose à aucune autre, elle est au vrai une absence de personne » (Benveniste, 1996, p. 242). Cette voix est plus objective que celle de l'énonciation dite « discursive » qui, elle, est subjective, parce qu'elle se constitue « dans la relation de personne *je : tu* » (*ibid.*, p. 243). Dans le *Dist que l'on clamme respon*, la relation entre le narrateur et le lecteur se fonde sur une logique spirituelle, marquée par la dévotion mariale : le discours est proclamé *pour* la Vierge et *grâce* à elle. La subjectivité est celle d'un bon croyant qui transmet sa foi. Au moment de passer à l'énonciation « historique », le narrateur légitime son récit en affirmant que « ce est verité fine » (Jehan de Saint-Quentin, éd. Munk Olsen, 1978, p. 4, v. 21). Cette revendication donne l'impression que l'histoire est objective. Si on peut bien douter de la véracité des événements racontés, il reste que cette affirmation permet à la narration de s'effacer derrière l'histoire, comme l'écrit Émile Benveniste à propos de l'énonciation à la troisième personne. Cela permet au récit de s'imposer comme une vérité morale que le lecteur doit assimiler.

La distinction entre le discours et le récit a aussi été envisagée par Gérard Genette dans un article intitulé « Frontières du récit », qui a été repris dans *Figures II*. Le poéticien y examine les balises des notions d'« histoire », qu'il renomme *récit* (Genette, 1966, p. 159), et de « discours », telles qu'établies par Émile Benveniste :

> Mais il faut ajouter [...] que ces essences du récit et du discours ainsi définies ne se trouvent presque jamais à l'état pur dans aucun texte : il y a presque toujours une certaine proportion de récit dans le discours, une certaine dose de discours dans le récit (*ibid.*, p. 161).

À cela, il ajoute que « le récit inséré dans le discours se transforme en élément de discours [et que] le discours inséré dans le récit reste discours et forme une sorte de kyste très facile à reconnaître et à localiser» (*ibid.*, p. 162). Dans le cas des dits narratifs, le changement d'embrayeur délimite bien la frontière entre les deux types d'énonciations. Pourtant, contrairement au kyste, il faut bien mentionner que le récit dans le dit narratif ne peut pas être enlevé. Sa chirurgie en ferait un corps qui a du mal à avancer.

Ce dispositif énonciatif a d'ailleurs la particularité de se retrouver dans pratiquement tous les «dits narratifs» identifiés : dans les vingt-quatre dits attribués à Jean de Saint-Quentin, d'abord, mais aussi dans le *Dit de Robert le Diable*[8], le *Dit de la dent*[9], le *Dit de Guillaume d'Engleterre*[10], le *Le Dis de la brebis desreubee*[11] et le dit *Dou fighier* de Jean de Condé[12], mais pas le *Dit de l'homme qui avait trois amis*[13] ou le *Dis dou varlet ki ama la femme au bourgois*[14] qui commencent par un *nous* inclusif que nous examinerons plus tard. À ce sujet, les «dits allégoriques» que nous avons écartés plus tôt, tels ceux de Watriquet de Couvin, continuent le récit au *je* après le prologue, un constat qui n'étonne guère puisque l'allégorie expérimente avec l'énonciation à la première personne du singulier à la même époque. En raison de cela, il semble convenable de distinguer ces dits des dits narratifs, dont la poétique est différente.

Un cas précis mérite une attention particulière. Il s'agit du *Dit de l'eaue beneoite et du vergier* attribué à Jean de Saint-Quentin. Ce dit rassemble deux récits plutôt courts (environ 80 vers chacun) qu'il intègre à une même architecture. Les deux récits ajoutés l'un à l'autre correspondent à un dit de taille petite (soit 168 vers), si l'on considère que les dits de

---

8 «Veul commencier .i. dit ; mais por la grant misere...» et «Il fu ne a Rouem, mais moult ot assouffrir» (éd. Breul, 1895, p. 464-465, v. 2 et 16).

9 «Li siecles est si bestornez / que je sui trop pis atornez» et «Il ot .i. fevre en Normendie / qui trop bien arrachoit les denz» (éd. Montaiglon, 1875, p. 7 et 9, v. 1-2 et 62-63).

10 «Pour recorder un dit sui orendroit venus. / Dieu gart touz ceulz et celles dont seray entendus! D'un roy vous weil parler par qui fu maintenus» (éd. Michel, 1840, t. 3, p. 173, v. 1-3).

11 «Vous voel je dire a ceste fie / d'un chevalier de grant hautece, / en cui n'avoit visse ne tece / que preudom ne pëust avoir» (éd. Léonard, 1983, p. 242, v. 42-45).

12 «Encore ne vœl iestre à repose, / Que n'en poursuive mon pourpos, / Ains vous vœl ci endroit conter / .i. moult boin dit à escouter» et «Un preudons .i. gardin avoit, / Et les boins arberes k'il savoit» (Jean de Condé, éd. Scheler, 1866-1867, t. 2, p. 86, v. 25-28 et 31-32).

13 Le *je* du *diteor* est bien présent dans cette œuvre (par exemple, *ibid.*, p. 114 et 116, v. 91 et 151), qui commence cependant par le *nous* inclusif (*ibid.*, t. 3, p. 111, v. 10).

14 La marque de la première personne du singulier se trouve ici aussi à l'épilogue («Et atant mon conte defin», *ibid.*, t. 2, p. 246, v. 110), dans un texte qui commence au *nous* («Si con la vérité nous conte», *ibid.*, t. 2, p. 243, v. 8).

Jean de Saint-Quentin font en moyenne 288 vers dans l'édition de Birger
Munk Olsen. De plus, la structure fait que le changement de dispositif
énonciatif que nous avons observé s'effectue deux fois :

> Vous qui voléz oïr, retenir et aprendre
> .ii. examples moult biaus ou il n'a que reprendre,
> Diex doinst que je les puisse recorder sans mesprendre,
> Et nous gart du malvais, qu'il ne nous puist sousprendre.
>
> La premierë example vus dirai sans mentir.
> Or metéz tous et toutes les cuers el retenir,
> Car, ainçois que de vous me doie departir,
> Vous dirai je tel chose dont grans bien puet venir.
> (Jehan de Saint-Quentin, éd. Munk Olsen, 1978, p. 113, v. 1-8)

La spécificité de ce dit, qui renferme deux récits, est soulignée par le narrateur qui explique « .ii. examples moult biaus ou il n'a que reprendre » (v. 2).
Chaque récit détient son prologue énoncé au *je*, le deuxième commençant
par : « Le secont des examples vous veil ramentevoir, / Ainsi con les sains
peres le nous font assavoir ». La parole subjective revient donc momentané-
ment – sur l'espace d'un vers seulement, pour être exact – pour introduire
un nouveau récit qui est désigné comme un *example*.

Que le récit soit désigné par la traduction française du terme *exempla*
n'est pas sans intérêt. Le genre latin de l'*exemplum* a été observé notamment par Jacques Berlioz qui en a parlé comme un récit « efficace » mis
au service de la prédication (1980, p. 113-146). Le dit reprend d'ailleurs,
dans l'essence, la forme d'un sermon, mis en parole par un *diteor* ou
un *escrivain* à qui revient l'autorité. Comme l'écrit Birger Munk Olsen,
« [l]a différence la plus importante [entre le sermon et le dit], c'est que
l'élément narratif, fort réduit dans les sermons pour ne pas dépasser le
cadre didactique, s'est amplifié et domine dans les *Dits* [narratifs] » (Jehan
de Saint-Quentin, éd. Munk Olsen, 1978, p. XVIII). Narré à la troisième
personne du singulier, le récit dans le dit donne l'impression de relayer
une vérité incontestable, qui est transmise par le quatrain d'alexandrins
monorimes, un véhicule des leçons didactiques selon Paul Zumthor (1972,
p. 416). La particularité du « dit narratif » résiderait donc dans cette façon
de reprendre au compte d'un *diteor* un récit qui se veut objectif et qui agit
comme un vecteur de vérité. Le fait que les embrayeurs *je* et *il* se côtoient
dans l'espace du texte suggère un mode particulier de réception.

ORALITÉ ET ÉCRITURE

Comme pour la prédication, qui est transmise à voix haute, mais qui s'appuie sur des sources manuscrites, les « dits narratifs » marquent une transition nette entre un prologue où fourmillent les marqueurs d'oralité et les récits qui sont fréquemment associés à des sources écrites. Cette transition s'effectue le plus souvent au moment d'entamer les récits, ce qui veut dire qu'elle coïncide avec le changement des embrayeurs. Les marqueurs d'oralité se trouvent par exemple à la fin du prologue du dit *Dou fighier* de Jean de Condé : « Ains vous vœl ci endroit conter / .i. moult boin dit a escouter » (Jean de Condé, éd. Scheler, 1866-1867, t. 2, p. 86, v. 27-28). Les vers qui suivent immédiatement rattachent aussitôt le récit à venir à l'un des évangiles : « En l'evangille truis lissant / Jhesu Crist au peule dissant : / – Uns preudons .i. gardin avoit […] » (*ibid.*, v. 29-31). Le passage de l'*écoute* à la *lecture*, qui s'effectue dans ce contexte dans l'espace de deux vers consécutifs, est particulièrement frappant. Le commencement du récit – qui occasionne la modification du dispositif énonciatif – provoque aussi la convocation des sources écrites.

Le statut de l'écrit et de l'oralité dans les dits a déjà été observé par la critique. Jacqueline Cerquiglini-Toulet a examiné de pair le *je* du *diteor* et la conscience manifeste de l'écriture dans les dits (Cerquiglini-Toulet, 1980, p. 151-168). Cette caractéristique du genre a été également commentée par Bernard Ribémont dans *Écrire pour dire. Études sur le dit médiéval* :

> Impliquant la profonde conscience de l'écriture, conçu en tant qu'acte émanant d'un être socialisé que son statut intéresse au plus haut point, le dit s'articule autour du « je » de l'écrivain qui revendique son propre droit de dire et d'enseigner, vise à imposer le caractère inéluctable, fondamental et fondateur de son écriture, refuse l'anecdotique pour une didactique (Ribémont, 1990, p. 6).

Le récit apparaît ainsi dans le dit afin d'enseigner, convoquant par le fait même des autorités diverses, comme les évangiles dans le *Dit du fighier*. Mais les renvois peuvent être variés : au moment de passer au *il* de l'énonciation narrative, le *Dit de l'eaue beneoite et du vergier* mentionne que « [l]a divine escripture nous […] fait mencion [du récit] » (v. 9). Le

Dit du riche home qui geta le pain a la teste du povre explicite aussi que l'histoire se trouve « en la sainte escripture » (v. 13).

Les sources peuvent également être littéraires. La *Vie des pères*, recueil de récits pieux en langue vernaculaire du XIIIᵉ siècle, est mentionnée au vers 21 du *Dit du chien et du mescreant* (« En la *Vie des peres*, escript en parchemin »). Le *Dit de Robert le Diable*, sans l'expliciter dans les quinze vers qui lui servent de prologue, offre l'abrègement du *Roman de Robert le Diable* de la fin du XIIᵉ siècle. De plus, le *Dit de Flourence de Romme* propose la réécriture de la chanson de geste du même titre datant du premier quart du XIIIᵉ siècle ; le narrateur affirme toutefois dans le prologue avoir tiré le récit des « croniques de Saint-Denis en France » (v. 5). Mais l'histoire de Florence de Rome ne s'y trouve pas[15]. Ce choix de se rattacher au genre de la chronique, plutôt qu'à la chanson de geste, un genre que l'on associe spontanément à l'oralité, serait peut-être tributaire d'un désir de s'associer à des sources écrites. Seul le *Dit du buef* se rattache à une source orale, comme on le constate dans les derniers vers du prologue : « Par un moult bel essample qu'orendroit vous dirai ; / En sarmon l'oï dire, moult bien retenu l'ai » (Jehan de Saint-Quentin, éd. Munk Olsen, 1978, p. 218, v. 30-31).

Hormis cette exception, les « dits narratifs » lient donc tous leur récit à une source écrite. Cette caractéristique leur confère une certaine autorité (Zumthor, 1972, p. 45). De plus, il est notable que les sources soient modifiées lorsque la matière est reprise par le *diteor*. Le *Dit de Flourence de Romme* et le *Dit de Robert le Diable* sont particulièrement abrégés et le propos change d'une version à l'autre[16]. La transmission par un *diteor* (*je*) d'un récit (relaté au *il*) entraine également une réinterprétation de l'histoire. Le dit montre des façons convenables d'utiliser les récits lorsqu'on les reprend à son compte. Une fois la leçon donnée, le passage à l'embrayeur *nous* permet de rendre commun le rapport au texte.

---

15   Sur les différentes versions du récit, voir François-Jérôme Beaussart (2000).
16   Dans le cadre de mon mémoire de maitrise, j'ai pu observer que les enjeux épineux du *Roman de Robert le Diable* se « déproblématisent » dans le *Dit de Robert le Diable* (Cholette, 2016).

LE *NOUS* EXEMPLAIRE

Le dispositif énonciatif est encore ébranlé dans les épilogues des « dits narratifs », où la première personne du pluriel tend à moraliser le récit. Ce *nous* se trouve par exemple à la fin du *Dist que l'on clamme respon*, évoqué plus tôt :

> Il vesquirent au siecle trestous trois saintement ;
> Cest essemple nous moustre a tous generaument
> Que qui sert Nostre Dame, qui ne faut ne ne ment,
> Et en a en la fin .c. doubles paiement.
>
> Si prions a la Vierge, qui est et fille et mere,
> Qu'elle prist son dous Filz – comme tres digne mere –
> Que il nous gart d'enfer, celle prison amere,
> Et nous otroit la joie qui est bellë et clere.
> (Jehan de Saint-Quentin, éd. Munk Olsen, 1978, p. 10, v. 185-192)

Le passage à la première personne du pluriel s'effectue au vers 185, comme le marque la désinence du verbe *priier*. Au moment de moraliser le récit, le narrateur passe au *nous*, invitant le lecteur à intégrer avec lui la leçon de l'exemple et emprunte un mode énonciatif qui n'est pas sans rappeler l'appel à la prière à la suite de la prédication. Du *je* au *il* au *nous* se retrouvent donc trois différents rapports que l'on peut entretenir avec le texte et qui s'enchaînent dans l'espace d'un seul dit.

Utilisé à des fins exemplaires, le récit permet d'établir un comportement idéal, autour duquel se resserre le *nous* inclusif. Façon d'unir le *je* du *diteor* au lecteur du *dit*, la première personne du singulier apparaît au moment d'expliquer et de moraliser le récit, afin d'orienter son interprétation. La métaphore du *paiement* divin qui est employée au vers 188 rappelle que les comportements sur terre ont une incidence sur la rédemption des chrétiens, qui « payeront », donc, les mauvais coups après leur mort ou seront récompensés pour leurs bonnes actions. Les historiens ont d'ailleurs montré que c'est autour de la notion de rédemption que s'organise la communauté des chrétiens (Toneatto, 2012, p. 173-176). Employé afin de relier aux questions du salut l'histoire qui vient d'être racontée, le *nous* énonciatif qui est utilisé à la fin des dits a ainsi une fonction cohésive, puisqu'il réunit autour de la morale du récit le lecteur et le *diteor*.

Plusieurs dits se terminent en reliant les comportements terrestres au salut divin, comme dans le *Dit des trois chanoinnes* où l'on peut lire :

> Si prions touz et toutes a la Vierge Marie,
> Qui en ces flans porta le tres dous fruit de vie
> Qu'il nous doint si ouvrer en ceste mortel vie,
> Par quoi aions des angres la sainte compaingnie.
> (Jehan de Saint-Quentin, éd. Munk Olsen, 1978, p. 25, v. 409-412)

Les actes accomplis sur terre permettent d'obtenir la « sainte compaignie ». Le récit se clôt de façon similaire dans le *Dit des .iii. pommes*, où le terme « fin » renvoie autant à la fin du dit qu'à la fin d'une vie :

> Par essemple vous ai en ce dit raconté
> Comment nous devons tous garder no loiauté.
> Prions tous le Seigneur, dont nous vient la clarté,
> Qu'en la fin nous otroit sa grasce et sa bonté.
> (Jehan de Saint-Quentin, éd. Munk Olsen, 1978, p. 38, v. 333-336)

L'*essample* se boucle autour d'une énonciation inclusive qui rapporte les événements du récit à la vie du chrétien.

Cette façon de conclure fait souvent écho, dans la trame narrative, à la conversion d'un personnage ou à la confession de ses péchés. Par exemple, dans le *Dit de Robert le Diable*, après avoir commis de nombreuses fautes pendant une enfance difficile, le héros éponyme parvient à obtenir le pardon en suivant les indications du pape et en sauvant l'empereur de Rome des attaques sarrasines. Les vers conclusifs offrent une synthèse de la trame narrative en montrant bien la transformation qu'a connue le fils du diable : « Robert, qui en sanfance ot este moult sauvage, / Vers dieu et vers son prime fu de si bon corage / Que je croi quil conquist des sainz ciex leritage » (éd. Breul, 1895, p. 507, v. 1005-1007). La subjectivité problématique qui lui était caractéristique devient bonne à partir du moment qu'il se tourne vers Dieu et vers la communauté des chrétiens. Ce récit profite donc pleinement de la transitivité du dit, car comme la narration qui passe du *je* au *il* au *nous*, Robert parvient à se réintégrer dans la communauté des chrétiens. L'appel à la prière qui clôt le texte concrétise sur le plan discursif les valeurs qui unissent le narrateur et les personnages : « Diex nous veille samour et sa grace donner ! / Amen » (*ibid.*, v. 1016).

Si ce type de conclusion n'étonne guère, le changement d'embrayeur semble être un trait distinctif de tous les dits narratifs que nous avons répertoriés, soit à l'aide du pronom *nous* suivi d'un verbe, à l'aide du déterminant *nos* ou à l'aide d'un complément d'objet indirect *à nous*, alors que les autres formes brèves le font rarement. Les lais finissent variablement à la première personne du singulier[17], à la troisième personne du singulier[18], à la deuxième personne du pluriel[19] et à la troisième personne du pluriel[20], se contentant de boucler rapidement le récit. Les fabliaux emploient le *je* du *fabloieur*[21], le *il* diégétique[22] ou un *vous* prédicateur dans des formules moralisantes qui restent près du récit[23]. Les miracles de Gautier de Coinci (*ca.* 1230) et ceux de Jean le Marchant (entre 1251 et 1262) se terminent habituellement par le pronom *il*[24]. Seuls le *Gracial* (*ca.* 1050) et la *Collection anglo-normande* (début XIIIᵉ siècle) utilisent le *nous* inclusif en fin de texte, pour effectuer l'appel à la prière[25]. Ce trait

---

17   « En un isle ki mut est beaus / La fu raviz li dameiseaus ! / Nuls hom n'en oï plus parler / Ne jeo n'en sai avant cunter » (Marie de France, éd. Koble et Séguy, 2018, p. 386, *Lai de Lanval*, v. 643-646).

18   « Quant l'aventure fu seüe, / Coment ele esteit avenue, / Le lai del Reisne en unt trové : / Par la dame l'unt si numé » (*ibid.*, p. 280, *Lai du frêne*, v. 515-518).

19   « De ceste cunte k'oï avez / Fu Guigemar li lais trovez, / Que hum fait en harpe e en rote / Bone est a oïr la note » (*ibid.*, p. 238, *Lai de Guigemar*, v. 884-887).

20   « Cil qui ceste aventure oïrent / Lunc tens après un lai en firent / de la pitié de la dolur / Que cil suffrirent par amur » (*ibid.*, p. 454, *Lai de Yonec*, v. 555-558).

21   « Ainz que je aie cest fablel, / Finé, vous di je bien en foi, [...] » (Noomen *et al.*, 1983, t. 2, p. 26, *De sire Hain et dame Anieuse*, v. 403-404).

22   « Le borgeis de son mal penser, / Que puis ne li lut a penser, / Que il fu de seurcot delivres. / Et la vieille ot quarante livres : / Bien a son loier deservi, / Quant touz troi sont a gré servi ! » (*ibid.*, *Auberee*, v. 648-653)

23   « Or faites feste, jogleor, / Ribaut, houlier et joeor, / Qu'icil vos a bien aquitez, / Qui les ames perdi as dez ! » (*ibid.*, t. 1, p. 159, *Saint Pierre et le Jongleur*, v. 417-420).

24   « Ainz est honis au chief dou tour / Cielz qui de toy ne fait sa tour » (Gautier de Coinci, 1970, vol. IV, *Comment nostre dame desfendi la cité de Constantinnoble*, p. 41, v. 253-254) et « A Dieu et a sa douce mere / Qui de douleur aspre et amere, / Par sa grant douceur, le gita. / Einsi de son veu s'aquita » (Jean le Marchant, éd. Kunstmann, 1973, *Dou valet qui avoit non Benöait*, p. 65, v. 166-170). À noter que ce dernier *il* est diégétique.

25   « La grace Deu avra pur veir / E la sue, matin e seir / E Deu servir la nus duinst / E de nos pecchez nus esluinst ! » (Adgar, éd. Kunstmann, 1982, p. 65, *Miracle I*, v. 111-114) et « Nus doint issi la sue grace, / Ke venkus seient nos enemis / E nus en pes & en joie mis ; / Amen, amen, chescun die, / O, beneite seinte Marie » (*La Deuxième Collection...*, éd. Kjellman, 1922 [1977], p. 14, v. 274-278).

semble être utilisé en parallèle par les dits narratifs, qui emploient parfois le terme *miracle* pour désigner le contenu de leur récit, comme dans le *Dit de la pecheresse* où on peut lire :

> Ceulz et celles qui ont ce miracle escouté
> Diex leur sauve leurs corps et doinst bien et santé
> A tous nos bienfaiteurs, et aient la clarté
> En paradis lassus avec les trespasséz.
>
> Prions a cele Dame, qui tant est de hault pris,
> Qu'ele soit nostre escu entre nos ennemis
> Et nous doinst si ouvrer et en fais et en dis
> Que nous puissons conquerre nos lieus en paradis.
> (Jehan de Saint-Quentin, éd. Munk Olsen, 1978, p. 140, v. 145-152)

En plus de la présence du terme générique, le dit narratif possède plusieurs traits qui le rapprochent du miracle, un genre exemplaire bref utilisant un récit pour illustrer une morale. Les affinités formelle (la brièveté) et fonctionnelle (récit exemplaire) semblent aptes à justifier le rapprochement au genre des miracles de la Vierge, dans un passage qui est par ailleurs dévoué au recueillement et à la prière mariale (« Prions a cele Dame, qui tant est de hault pris », *ibid.*, v. 149).

Le cas des *isopets* est digne d'intérêt. Dès leur renaissance en français à la fin du XIIᵉ siècle, la première personne du pluriel peut être utilisée, comme dans la première fable de la collection de Marie de France, *Le Coq et la pierre précieuse* où on peut lire :

> Autresi est de meinte gent,
> Si tut ne veit a lur talent,
> Cume del cok e de la gemme ;
> Veu l'avums de humme et de femme ;
> Bien e honur n'ient ne prisent,
> Le pis pernent, le meuz despisent.
> (Marie de France, éd. Brucker, 1998, p. 52, v. 17-22)

L'expression « [nous] veu l'avums » (v. 20) indique au lecteur comment le contenu du récit peut être interprété et appliqué à des situations diverses de la vie. Ce procédé se retrouve jusque dans les collections du début du XIVᵉ siècle, moment de rédaction de la plupart des dits narratifs. Dans l'*Isopet I-Avionnet*, les épilogues convoquent toutes les formes d'énonciations précédemment citées en changeant souvent plusieurs fois d'embrayeurs dans les vers conclusifs[26]. Cette diversité différencie les fables des dits qui emploient dans tous les cas la première personne du pluriel. Si la matière des dits narratifs est ample et les sources convoquées multiples, il semblerait que « l'armature » énonciative soit stable.

Enfin, le *nous* inclusif assume deux fonctions dans les dits narratifs. Il invite premièrement le lecteur à se servir de ses facultés exégétiques afin d'en retirer une leçon ou un enseignement qui pourrait lui être utile, comme dans le *Dit de l'enfant qui sauva sa mère* :

> Tout ainsi fu la dame par son enfant sauvee.
> Ele fist bone painne quant el fist tel portee.
> En cest example cy nous est raison moustree :
> Confession doit estre sus toute riens amee.
> (Jehan de Saint-Quentin, éd. Munk Olsen, 1978, p. 112, v. 205-208)

Cette fonction exemplaire est le plus souvent véhiculée par le terme *essample* ou par des verbes liés à l'écoute, tel *entendre*. La deuxième fonction du *nous* inclusif est d'inciter le lecteur à l'action. Ceci est le plus souvent effectué à l'aide du verbe *priier*, comme on le retrouve dans de nombreux épilogues conjugué à la première personne du pluriel : « Si prions touz et toutes a la Vierge Marie » (*ibid.*, p. 25, *Dit des trois chanoinnes*, v. 409). D'autres verbes encouragent le lecteur à agir, comme « devons » (*ibid.*, p. 334, *Dit des .iii. pommes*, v. 334) et « rendons » (*ibid.*, p. 61, *Dit de l'enfant rosti*, v. 179). Ces verbes actifs sont souvent suivis d'un verbe qui indique ce que le bon chrétien recevra en retour, comme l'illustre le *Dit du riche home* :

> Or prions de bon cuer le tres dous roy des roys
> Et a sa douce mere, qui le porta .ix. mois,
> Que nous ne souffrons ja en enfer les destrois,
> Et nous doinst paradis dont nous sommes ses hoirs.
> (*ibid.*, p. 126, v. 165-168)

Après avoir lu un récit où des personnages finissent par se convertir ou par se confesser, le lecteur est invité à suivre l'exemple afin d'obtenir sa rédemption.

---

26 « Perir puisse il en telle guise / Qui de aidier fait par faintise / Semblant, et veut nuiseür estre : / Barat doit conchier son mestre. / En texte trouvons et en glose / Que cils qui fait pour mal la fosse, / Y chiet maintes fois en ses las / Cils qui de maufaire n'est las. / La pierre refiert yceli / Qui ferir li est abeli / Autre, par salgrant tricherie ; / Car sur li revient sa boidie » (*Recueil…*, éd. Bastin, 1930, t. 2, p. 208, *De la raine qui conchie la souris*, v. 27-38).

Pour conclure, il semble que la narrativité ne soit pas l'un des traits de définition minimal des dits, qui dans la majorité des cas recensés par Monique Léonard sont dépourvus d'intrigue. La narrativité des dits ne va pas de soi pour Esperanza Bermejo, qui a considéré l'absence d'anecdote comme l'un des éléments définitoires du dit, écrivant dans un article publié dans *Queste* en 1984 que « [s]on inclusion dans le genre narratif répond à son caractère récité » (Bermejo, 1984, p. 55). Elle rejette systématiquement les « dits à dominante narrative » de sa liste. Or le dit est une forme qui n'a pas de difficulté à intégrer des anecdotes dans un discours plus large qui le subsume et dans lequel le récit est utilisé comme un exemple servant à illustrer un propos moral. Dans cet article, nous nous sommes concentrés sur ce sous-groupe ou ce sous-genre qui n'avait pas été encore établi. Cet exercice a fait apparaître avec force la dimension transitoire propre au dit, qui fait passer l'énonciation du *je* au *il* au *nous* et qui a comme conséquence de lier l'interprétation subjective du lecteur à une série de valeurs et de jugements qui sont propres à la communauté des chrétiens. *Dire* des récits et les *entendre* deviennent donc des activités liées dans le dit, qui phagocyte des sources textuelles variées qu'il réécrit à sa guise avant de les enchâsser dans sa forme. L'entreprise constitue alors une activité d'interprétation qui accorde une importance particulière à la lecture et à l'interprétation. Le dit semble nous apprendre : « nous sommes ce que nous lisons ».

Gabriel CHOLETTE
Université de Montréal

LE DIT COMME ÉCRITURE
DE LA CONTINGENCE AMOUREUSE

Sur le *Remède de Fortune* de Guillaume de Machaut

Réunissant texte, image et musique[1], le *Remède de Fortune*[2] de Guillaume de Machaut pourrait, à certains égards, faire figure d'œuvre totale. Composé avant 1342 ou avant 1357[3], le texte se présente comme un récit à la première personne de 4298 vers où sont insérés huit pièces lyriques et un refrain, offrant un échantillon de tous les genres lyriques pratiqués par le poète : lai, complainte, chant royal, ballade, virelai, rondeau, ainsi qu'une prière sans musique, au point qu'on a parfois comparé ce texte à un art poétique implicite (Brownlee, 1984, p. 63).

Comme le *Confort d'ami*, avec lequel il entretient de multiples résonances, le *Remède de Fortune* s'inscrit dans l'héritage de la *Consolation de Philosophie* de Boèce (*ca.* 480-524). Le titre retenu par Machaut frappe d'abord par son ambition, faisant à la fois référence aux *Remedia amoris* d'Ovide et à des œuvres aussi célèbres au Moyen Âge que le *De Remediis fortuitorum* longtemps attribué à Sénèque ou au *De Remediis utriusque fortunae* de Pétrarque, sans compter les nombreuses traductions et adaptations vernaculaires du traité de Boèce[4]. Le thème de la Fortune à la fin du Moyen Âge est omniprésent, tant dans le domaine des textes savants que dans celui des textes de fiction et dans la poésie lyrique[5]. Machaut s'inscrit dans cette vogue. Toutefois, à la différence de Boèce et de ses émules, Machaut ne cherche guère à résoudre ici la question de la contingence

---

1   Sylvia Huot attribue au BnF, fr. 1586 une « *theatrical dimension* » (« dimension théâtrale ») qui confère au manuscrit l'aspect d'une performance visuelle (1987, p. 260). Le manuscrit donne une célèbre version enluminée de notre texte que l'on doit au « Maître du *Remède de Fortune* » (voir Avril, 1982).

2   Nous ferons référence à l'édition d'Ernest Hoepffner (1911, t. 2, p. 1-157). Nous renverrons désormais au texte par l'abréviation *RF*.

3   La date de composition du *Remède* est controversée (voir Earp, 1995, p. 213).

4   Sur cette tradition, voir en particulier Glynnis M. Cropp (2012).

5   Voir notamment Catherine Attwood (2007).

dans son ensemble : si Espérance, figure allégorique centrale du dit, invite l'amant à ne pas se soucier de Fortune, comme le fait Philosophie, il ne s'agit guère de passer en revue les heurs et malheurs des grands hommes, ni de comprendre de quelle manière s'articulent l'œuvre de Fortune et celle de Dieu. Il s'agit plutôt de traiter de la Fortune dans le lien qu'elle entretient avec la contingence amoureuse : comment l'amour, soumis aux contingences de la joie et de la tristesse, aussi bien qu'à des obstacles réels, peut-il se transformer en une expérience continue de la joie ?

Le parallèle entre le *Remède* et la *Consolation* a fait l'objet de nombreux travaux[6]. Il se vérifie sur le plan du schéma textuel : découvrant le poète accablé par un jugement inique, Philosophie chasse les Camènes sous la dictée desquelles le *je* boécien chante son désespoir. Elle le console par le chant et le guérit de son sentiment d'injustice en lui enseignant la vraie nature de Fortune, puis en l'invitant à porter son attention sur la volonté de Dieu. Le discours de Philosophie est présenté comme un véritable succès : dès la fin du livre III, le prisonnier accepte son sort au profit d'un bien plus grand. Chez Machaut, nous basculons dans l'univers courtois. Tombé éperdument amoureux d'une dame à laquelle il attribue toutes les qualités, l'amant-narrateur compose en secret de nombreux poèmes dont un lai virtuose. Mais lorsque la dame demande qui est l'auteur de cette pièce étonnante, l'amant timide n'ose se dévoiler. Désespéré, le narrateur s'enfuit dans le parc de Hesdin pour laisser libre cours à sa mélancolie qui prend la forme d'une longue complainte de 576 vers contre Amour et Fortune. C'est alors qu'apparaît la figure d'Espérance, véritable double courtois de Philosophie (Huot, 2002, p. 171-172). Par son chant et son discours, elle parvient à consoler l'amant : elle l'invite, comme Philosophie, à ne pas se soumettre à Fortune, à placer sa foi dans la perfection de la dame et dans le principe même de l'espérance. Il devra désormais, lorsqu'il sera saisi d'effroi, se souvenir que l'amour doit être placé au-dessus des contingences réelles et intérieures. La forme des chansons insérées change progressivement : à partir de la ballade d'Espérance, les pièces insérées ne sont plus notées avec des notes carrées à la manière de l'*ars antiqua* mais selon le nouveau système scripturaire de l'*ars nova*. Le texte offre donc aussi une métamorphose sur le plan musical. À l'art de mieux aimer

---

6   Voir, entre autres : Sylvia Huot (2002) ; Sarah Kay (2008) ; Elizabeth Elliott (2012, en particulier le chapitre 2 « Consolatory Vision : Translating Boethius in Guillaume de Machaut's *Remede de Fortune* ») ; et Lewis Beer (2014).

correspond un art de mieux chanter. Rassuré, s'appuyant désormais sur le souvenir d'Espérance, l'amant retrouve une compagnie de jeunes gens et ne tarde pas à se révéler auprès de la dame. Celle-ci l'aime en retour. Après quelques jours de bonheur partagé, l'amant part se perfectionner dans d'autres domaines. Lorsqu'il revient, il s'inquiète : il trouve la dame changée. Mais celle-ci le rassure. Malgré d'ultimes doutes, l'amant loue à nouveau Amour permettant au clerc de reprendre la parole et de conclure triomphalement son traité en inscrivant son nom sous forme d'anagramme.

La forme retenue par Machaut importe : il s'agit d'un *dit*, terme qui n'apparaît pourtant pas dans le titre. Le titre de *Remède de Fortune* insiste sur l'efficace du discours : le texte contient le secret d'une guérison. Prosper Tarbé, en 1849, comblait une lacune en parlant du « *Dit du Remède de Fortune ou de l'écu bleu* » (Tarbé, 1849, p. xxv) : le second titre faisant référence au bouclier symbolique qu'Espérance décrit à l'amant, qui est aussi devenu le titre de notre texte dans un des manuscrits, le BnF, fr. 9221. La fin de l'œuvre ne laisse pourtant aucun doute sur l'identité générique du *Remède*. Faisant don du texte à la dame, le narrateur écrit : « De bon cuer et a lie chiere / verra ce dit qu'ai mis en rime » (*RF*, v. 4288-4289). Le terme entre alors en concurrence avec celui de *traité* : « Mais en la fin de ce traitié / que j'ay compilé et traitié / vueil mon nom et mon seurnom mettre » (*RF*, v. 4257-4259). *Dit, traité, compilation* : les trois termes renvoient à l'art de la composition et, pour les deux derniers du moins, attirent l'attention sur la dimension didactique et hétérogène du récit qui vient de s'achever.

Si Machaut use de ces étiquettes, c'est évidemment pour souligner la dimension savante de l'œuvre. Mais c'est aussi parce que le dit, genre intrinsèquement hétérogène, permet le développement de deux savoirs conjoints. Le *Remède* relève en effet, comme cela fut souvent rappelé, de l'*ars amandi* et de l'*ars poetica*. Tout s'y mêle : pièces insérées, discours allégorique, récit, développements didactiques. Dans deux contributions parues en 1980 et en 1988, Jacqueline Cerquiglini-Toulet dégageait des lignes de force du genre du dit, permettant de se libérer durablement de critères thématiques ou formels inopérants pour définir le genre : « ce n'est donc pas la *nature* des "ingrédients" qui fait le *dit* […] mais bien leur *mode* de mise en présence, leur montage, – c'est-à-dire une qualité plus abstraite. Seul ce mode de mise en présence permet d'opposer cette forme à d'autres […] » (Cerquiglini-Toulet, 1980, p. 158). Relevant d'une esthétique du « discontinu » et de la « typologie », le dit est surtout, selon J. Cerquiglini-Toulet, un récit en *je* qui délivre un enseignement porté par une voix nouvelle, celle du clerc-écrivain[7].

Ainsi, les insertions lyriques contenues dans le *Remède de Fortune* ne sauraient être tenues pour une succession d'interludes. Elles se donnent tantôt comme un reflet du désir et de l'angoisse face à la contingence amoureuse, tantôt comme un remède. Plus qu'une consolation de Philosophie, Machaut développe implicitement la théorie d'une « consolation de poésie », comme l'a joliment formulé Sylvia Huot. En réalité, c'est la poésie amoureuse elle-même qui est discutée dans le dit : la poésie peut-elle émerger d'un désir inquiet ? La poésie d'Espérance, liée à l'inverse à la mémoire et à la confiance en un idéal, constitue-t-elle un remède efficace à la contingence ?

DE LA POÉSIE DE CONTINGENCE
À LA POÉSIE DE MÉMOIRE

Le *Remède de Fortune* met en scène le lien entre la transformation du chant et la métamorphose morale de l'amant dont l'amélioration est figurée par l'évolution technique des pièces. Il est vrai, comme l'a bien développé Margaret Switten (1989), que le *Remède*, « au carrefour d'un genre nouveau », peut se lire comme un véritable traité de poésie. L'ordre des pièces lyriques insérées est révélateur de ce projet : un lai (v. 431-680), une complainte (v. 905-1480), un chant royal (v. 1985-2032), deux ballades (v. 2857-2892 et v. 3013-3036), une prière sans musique (v. 3205-3348), un virelai (v. 3451-3497) et un rondeau (v. 4107-4114). Notre tableau en annexe, largement redevable à celui de Margaret Switten, permet de visualiser la distribution de ces pièces au fil de l'œuvre.

Si les trois premières pièces sont copiées à la manière de l'*ars antiqua*, les suivantes sont notées selon la nouvelle écriture rythmique de l'*ars nova* en y introduisant par exemple la *minime* de manière plus systématique (Leach, 2011, p. 153). Aux premières pièces longues, dépourvues de refrain, et pouvant renvoyer à l'héritage du grand chant courtois, s'opposent les suivantes qui font valoir le nouveau style incarné par ce qu'on nomme

---

7 Voir, pour ce prolongement, Jacqueline Cerquiglini-Toulet (1988).

parfois les « formes fixes » : des poèmes plus brefs, conçus autour d'un refrain (sauf pour le chant royal), qui connaissent une vogue considérable depuis le début du XIVᵉ siècle. Un manuscrit, le BnF, fr. 1584, va jusqu'à isoler les pièces musicales insérées dans notre texte dans sa table des matières. Au bas du f° Bv, on lit : « Ces choses qui s'ensievent trouverez en Remede de Fortune ». Figurent en-dessous la liste des sept pièces notées (la prière textuelle est exclue) accompagnée du numéro de folio. Le dispositif rend possible une lecture non-narrative du dit et le transforme en une petite anthologie de formes à consulter ponctuellement, un « art de dictier » avant l'heure qui serait cousu à la fiction[8].

Le *Remède* est, comme tous les dits, un texte didactique. La miniature liminaire du BnF, fr. 1584 (f° 49v) représente l'auteur en *magister* s'adressant à un enfant. C'est la voix du clerc qui résonne dans le prologue : « Cils qui vuet aucun art aprendre / A douze choses doit entendre » (*RF*, v. 1-2). Mais la nature de cet *art* n'est pas révélée. Il faut dire que, dans le *Remède*, tout ou presque est source de connaissance : la dame, Espérance, et, sur un autre plan, les pièces insérées. Le traité parvient à subsumer différents niveaux de savoirs offerts au lecteur idéal, comparé à une table « [...] blanche, polie, qui est able / a recevoir, sans nul contraire, / ce qu'on y vuet peindre et pourtraire » (v. 28-30). En refusant de circonscrire l'objet de ce savoir (cet *art*) dans le prologue, Machaut présente le dit comme un ensemble, comme si la connaissance de l'amour passait par celle de la poésie et réciproquement. Ainsi, l'ordre des pièces insérées peut à la fois être envisagé comme un parcours technique, allant de la forme la plus longue (le lai) à la forme la plus brève (le rondeau), comme un parcours historique partant de la forme la plus ancienne à la forme la plus moderne, comme un parcours sémiotique, passant d'un mode d'écriture ancien à un code d'écriture nouveau, ou encore comme un parcours allant de la monodie à la polyphonie. Mais il s'agit surtout d'un parcours qui permet d'illustrer toutes ces formes par différentes conceptions de l'amour et de la poésie, les premières pouvant s'apparenter à ce qu'on pourrait appeler une « poésie de contingence », soumise à Désir, instable ; les autres à une « poésie de mémoire », fondée sur le souvenir d'Espérance et qui, par sa forme même – le refrain – favorise à la fois le « souvenir » de la leçon allégorique, et le *Souvenir* courtois lui-même (en tant qu'image idéalisée de la dame)[9].

---

8   Sur ce parallèle, voir Clotilde Dauphant (2015, p. 96-97).
9   Sur ce point, voir Jacqueline Cerquiglini-Toulet (1986).

Il ne s'agit donc pas d'un simple traité technique. D'ailleurs, aussi innocent que paraisse l'amant au début du récit, il semble rapidement maîtriser l'ensemble des formes lyriques :

> Et pour ce que n'estoie mie
> Toudis en un point, m'estudie
> Mis en faire chansons et lais,
> Balades, rondiaus, virelais
> Et chans, selonc mon sentement,
> Amoureus et non autrement.
> (*RF*, v. 401-406)

En revanche, l'expression *n'estoit mie / toudis en un point* est significative : l'amour est encore, chez l'amant, l'expérience d'un mouvement perpétuel, d'une instabilité le faisant continuellement passer de la joie à la tristesse. L'image est un lieu commun. Machaut la reformule à plusieurs reprises, y compris dans le *Voir Dit* (lettre 33) sous la forme d'un proverbe : « cuer qui sent l'amoureus point / n'est mie tousjours en un point » (Machaut, éd. Imbs *et al.*, 1999, v. 1262-1263, p. 142). Il n'est donc pas anodin que Machaut commence par insérer un lai virtuose (v. 431-680), forme réputée la plus difficile et la plus variée[10]. Quoique traversé par l'idée d'espérance, le lai met surtout en scène la souffrance du désir, souffrance que seul le regard de la dame est susceptible d'apaiser :

> Car comment que Desirs m'assaille
> Et me face mainte bataille
> Et poingne de l'amoureus dart.
> Qui souvent d'estoc et de taille
> Celeement mon cuer detaille,
> Certes bien en vain se travaille,
> Car tout garist son dous regart.
> (*RF*, v. 639-645)

Au sein même du lai, l'amant passe de l'espérance au désespoir, et fait finalement dépendre sa joie du regard de la dame. L'étonnante variété mélodique, rythmique et rimique du lai, composé de douze strophes, devient le signe de cette inconstance[11]. De surcroît, le lai est aussi un chant replié sur lui-même, un chant compensatoire dès lors que l'amant n'ose en révéler

---

10   Sur la forme du lai, voir par exemple Daniel Poirion (1965, p. 400-406).
11   Voir l'analyse qu'en donne Elizabeth Eva Leach (2011, p. 141-152).

la signification à la dame. Après sa fuite dans le parc de Hesdin, l'amant compose une longue complainte de 576 vers qui semble à nouveau placée sous le signe de l'instabilité. Ce chant de désespoir entièrement fondé sur la réitération de la même mélodie tout au long des 36 strophes est présenté comme un lyrisme complaisant, autodestructeur, laissant l'amant dans un état proche de la mort, « en transe » (v. 1493), rappelant l'état initial du *je* boécien dans la *Consolation de Philosophie*. C'est la raison pour laquelle Espérance, en « fisicienne soutive, / sage, aperte et confortative » (v. 1603-1604), apparaît au poète et tente de lui offrir la double consolation que l'on sait ; consolation par le discours, consolation par le chant en lui livrant deux chansons : un chant royal (v. 1985-2011), et, après avoir révélé son identité, une ballade (v. 2857-2892). Les deux pièces constituent une bascule sur le plan musical. Elizabeth Eva Leach suggère qu'en chantant d'abord un chant royal dépourvu de refrain et noté « à l'ancienne », Espérance cherche à consoler l'amant en lui parlant sa langue musicale avant de l'introduire à une nouvelle logique, celle de l'harmonie (Leach, 2011, p. 152).

Cette bascule n'est pas seulement d'ordre sémiotique ou technique. Machaut distingue bien, comme Boèce[12], deux musiques opposées[13]. La première, nocive, correspond à la lamentation que le *je* boécien pratique au début du traité, influencé par les Camènes, ces « *scenicas meretriculas* » (ces « petites catins de scène » : II, 1, 8)[14]. La seconde, thérapeutique et philosophique, est conçue, dans le sillage de Platon, comme une expérience de l'harmonie du monde. Elle donne naissance à des poèmes que Boèce décrit comme « *oblita rhetoricae ac musicae melle dulcedinis* » (« enduits du miel de la rhétorique et de la musique » : II, 3, 2). C'est cette seconde musique que défend le traité et qui est source de connaissance.

Il est significatif que Machaut n'insiste pas sur la dimension musicale du lai et de la complainte (« fis je ce *dit* qu'on claimme lay », *RF*, v. 320 ; « Un *dit* qu'on appelle complainte », *RF*, v. 901). Le mot *dit*, issu du latin *dictare*, renvoie plutôt à l'idée de composition textuelle au sens large. Alors que ces deux pièces sont notées, elles sont toutefois discrètement rejetées hors de la sphère musicale. Les pièces suivantes sont en revanche toujours caractérisées du point de vue du texte *et* de leur musique. Après le chant royal que l'amant écoute dans un demi-sommeil, on lit :

---

12   Sur ces deux musiques, voir Jean-Baptiste Guillaumin (2011).
13   Sur ce point, voir notamment Jacqueline Cerquiglini-Toulet (2002).
14   Nos références au texte de Boèce sont issues de l'édition de Claudio Moreschini (2008).

> Et je qui encor sommilloie,
> Non pas fort, car bien entendoie
> Ce qu'elle avoit chanté et dit
> En rime, en musique et en dit,
> Senti la froideur de l'anel [...]
> (*RF*, v. 2097-2101).

De même, la ballade qui suit frappe l'oreille de l'amant par sa nouveauté et son *armonie* : «[...] onques mais armonie / si trés douce n'avoie oÿ» (v. 2896-2897). Le terme est évidemment à entendre en un sens musical mais aussi philosophique.

Cette seconde musique, contrairement à la première, est liée à la mémoire[15]. Là encore, Machaut est l'héritier de Boèce. Chez ce dernier, le désespoir se définissait déjà comme une forme d'oubli de soi. En voyant le poète prostré, Philosophie s'écrie : «*Sui paulisper oblitus est*» («Il a un moment oublié qui il est» : I, 2, 5). Sa première intention est donc de raviver la mémoire du *je* prisonnier («*recordabitur facile, si quidem nos ante cognoverit*» : «Sa mémoire lui reviendra facilement, s'il me reconnaît d'abord», I, 2, 6). Machaut joue sur ce motif. Lorsque l'amant du *Remède* achève sa complainte, il se dit «desvoiez / de scens, de memoire et de force» (*RF*, v. 1490-1491). Lorsqu'Espérance lui délivre la conclusion de son enseignement sous la forme d'une ballade, il s'empresse de l'apprendre par cœur :

> Si mis moult grant peinne a l'aprendre,
> Et la sceus en si po d'espace
> Qu'eins qu'elle partist de la place,
> Ne que toute l'eust pardit,
> Je la sceus par chant et par dit.
> Et pour ce que ne l'oubliasse,
> Failloit il que la recordasse.
> (*RF*, v. 2902-2908).

La poésie d'Espérance apparaît comme une forme-mémoire. Désormais pourvue d'un refrain, elle symbolise un bon usage de la répétition, là où la complainte usait du retour du même comme symbole de piétinement. Cette seconde musique devient ainsi l'arme principale de l'amant qui en profite pour retenir l'ensemble des paroles de la divinité «de point

---

15   Sur le rôle de la mémoire dans le *Remède*, voir Jody Enders (1992).

en point » (v. 2937) en les inscrivant « en [son] cuer » (v. 2942) : « car bien pensoie / qu'encor grant mestier en aroie » (v. 2937-2938). La poésie d'Espérance fonctionne à la manière d'un talisman.

Désormais, toute l'énergie de l'amant repose moins sur ses émotions que sur sa mémoire. Lorsqu'il quitte le parc de Hesdin et qu'il est à nouveau saisi par l'angoisse, c'est le souvenir d'Espérance (qui se confond parfois avec l'image idéalisée de la dame) qui lui redonne confiance :

> Grant päour de chëoir avoie.
> Mais d'Esperence me souvint ;
> Et vraiement, adont couvint,
> Se je voloie avoir victoire,
> Que je recourisse au memoire
> Que j'avoie escript en mon cuer...
> (*RF*, v. 3386-3391)

Par ce nouveau style musical, l'amant se réconcilie avec une conception festive et sociale de la musique. Espérance, suivant la conception machaldienne de la musique comme expérience de la joie, fait chanter et rire les amoureux :

> Amoureus les fais devenir ;
> Je les fais sagement parler,
> Rire, jouer, chanter, baler ;
> Je les tieng gais et envoisiez...
> (*RF*, v. 2168-2171)

Invité à chanter un virelai auprès d'un groupe de jeunes gens, l'amant s'exécute. Une dame danse au rythme de la voix de l'amant (v. 3499) avant d'entonner elle-même un refrain (v. 3502-3503). Le texte du virelai, *Dame, a vous sans retollir*, est aussi, pour la première fois, directement adressé à la dame et précède de peu la scène de l'aveu. Le rondeau qu'il chante au moment de sa séparation avec la dame, *Dame, mon cuer en vous remaint*, noté à trois voix, apparaît enfin comme l'apothéose de cet amour qui s'exprime dans la joie de l'espérance, dans le rythme et la répétition : un cercle total qui fait écho à l'anneau offert à la dame (v. 4080). Les festivités auxquelles l'amant participe (v. 3943-4012) sont aussi de nature à célébrer cette réconciliation totale avec la société.

On perçoit donc, dans cette trajectoire, bien plus qu'un simple traité technique. Mêlées au récit, les insertions lyriques sont certes classées selon différents paramètres, mais elles illustrent surtout une conversion morale. Leur mutation dit le passage d'une conception passive de l'amour, soumise à la contingence des émotions, à une conception active, portée par la stabilité qu'offre le sentiment de l'espérance.

UNE POÉSIE DE CONTINGENCE : LA COMPLAINTE

Cette trajectoire comporte un piège. À systématiquement envisager le *Remède de Fortune* comme une progression, on risque parfois de sous-estimer l'importance de la complainte contre Amour et Fortune (*RF*, v. 905-1480), comme si son dépassement dialectique au sein du dit empêchait d'en percevoir toute la richesse. Il est vrai qu'elle incarne un mauvais usage de la poésie. La pièce peut sembler trop longue. Le bel enregistrement de Marc Mauillon donne une idée de sa durée : 44 minutes[16]. Comparée à une « pyramide d'Égypte » par Georges Lote[17], elle est placée sous le signe de l'abondance (« il averoit rime mainte », v. 902) avec 72 rimes différentes. Sa composition est chargée, répétitive : 36 strophes de 16 vers toutes formées sur deux séquences rimiques symétriques (*a8a8a8b4a8a8a8b4 // b8b8b8a4b8b8b8b8a4*). Cette ampleur est d'ailleurs bien caractérisée comme une faute par l'amant lui-même qui, à la cinquième strophe (31 suivront), fait mine de s'interrompre :

> Mais Boëce si nous raconte
> Qu'on ne doit mie faire conte
> De ses anuis.
> (*RF*, v. 982-984)

La plainte est un épanchement maladif, un poison qui, aux yeux de Boëce comme aux yeux de Machaut, n'est autre qu'un mauvais usage de la musique. La structure musicale illustre un véritable mécanisme d'enfermement. Il faut dire que le genre n'est, au départ, pas

---

16 *Guillaume de Machaut : Le Remède de Fortune* (voix : M. Mauillon, voix et vièle : V. Biffi, harpe : A. Mauillon, flûte et percussions : Pierre Hamon), Eloquentia, 2008 (2 CD).
17 Cité par Margaret Switten (1989, p. 111).

particulièrement musical. Sur une dizaine de complaintes écrites par Machaut[18], celle du *Remède de Fortune* est la seule à être notée. Chaque strophe est divisée en deux sections *A* et *B* répétées chacune deux fois : antécédent et conséquent (Leach, 2011, p. 227). Cette structure est reconduite à l'identique à chaque nouvelle strophe. Nous voilà donc bien loin de la variété mélodique et rythmique du lai et bien loin encore, *a fortiori*, de l'efficacité des dernières pièces. Elizabeth Eva Leach en conclut que « *the complaint seems intended to be ridiculous – musically a creative failure, despite its ingenious versification* » (« la complainte semble destinée à être ridicule – un échec sur le plan de la création musicale malgré sa versification ingénieuse », Leach, 2011, p. 229). Contrairement au lai, marqué au sceau de la perpétuelle transformation, finalement ramenée à son point de départ par le retour de la mélodie initiale dans la dernière strophe, la longue complainte se donne comme un chant piégé dans un véritable « mécanisme » qui n'est pas sans rappeler celui de Fortune elle-même : la pièce est accompagnée, dans le BnF, fr. 1586, de deux imposantes illustrations (f° 30v°), l'une représentant l'amant écrivant seul dans le parc de Hesdin, la seconde montrant Fortune aux yeux bandés, activant sa roue par un subtil mécanisme qui rappelle peut-être les *merveilles* et les *estranges choses* du parc de Hesdin (*RF*, v. 813 et 815), lieu qui était sans doute déjà connu à l'époque pour ses automates[19]. Sous emprise de l'espace *estrange* qui lui sert de théâtre, la complainte repose ainsi sur un mouvement rotatif ininterrompu, semblable à la roue de Fortune. L'adjectif *estrange*, employé pour désigner ce mystérieux endroit, est aussi employé plus tard pour nommer les premières compositions de l'amant (« lay, complainte ou chanson *estrange* », v. 3596). Il fait écho à l'action même de Fortune qui fait varier les émotions de l'amant, « par mutation soudeinne, / *estrange*, diverse et sauvage » (v. 2548-2549). Jean de Meun comparait aussi Fortune, comme on le sait, à une île « de forme estrange » (éd. Strubel, 1992, v. 5906) mettant ainsi en cause la possibilité même d'établir à son sujet la moindre connaissance[20]. L'état

---

18 Le corpus peut être consulté dans Guillaume de Machaut (éd. Chichmaref, 2013 [1909], t. 1, p. 241-269).

19 « Et les merveilles, les déduis, / Les ars, les engins, les conduis, / Les esbas, les estranges choses / Qui estoient dedens encloses, / Ne saroie jamais descrire » (*RF*, v. 813-817). Sur ce point, voir Birgit Franke (1997).

20 Sur la caractérisation de Fortune comme « merveille » ou comme île de forme « estrange », voir Daniel Heller-Roazen (2003, p. 70-73 et p. 91-92).

d'esprit de l'amant s'apparente bien à celui du mouvement de la roue. Et c'est la roue qui donne la forme et le propos au poème lui-même :

> Car Fortune tout ce deveure,
> Quant elle tourne,
> Qui n'atent mie qu'il adjourne
> Pour tourner ; qu'elle ne sejourne
> Eins tourne, retourne et bestourne,
> Tant qu'au desseure
> Mest celui qui gist mas en l'ourne :
> Le sormonté au bas retourne,
> Et le plus joieus mat et mourne
> Fait en po d'eure.
> (*RF*, v. 911-920)

Rien ne doit pour autant surprendre. Machaut ne fait ici qu'amplifier un lieu commun, tout en proposant des jeux de mots assez attendus. Ainsi, toute la première partie de la complainte consiste en une amplification de motifs issus de la tradition. Mais, par endroits, la complainte paraît presque devenir un dit dans le dit, une pièce poétique savante, qui fait résonner la voix du clerc. S'inspirant du *Livre de Daniel* (2 : 31-45), les strophes 7 à 18 évoquent ainsi la figure du colosse aux pieds d'argile qui apparaît en songe à Nabuchodonosor. Mais l'amant-clerc donne à cette image une nouvelle signification[21]. La statue n'est plus l'ensemble des royaumes voués à être détruits, mais Fortune elle-même : « L'estature que ci pourpose / estre ne me semble autre chose / que Fortune » (*RF*, v. 1017-1019).

Ce jeu qui consiste à gloser une image et à amplifier les représentations traditionnelles de Fortune n'est pas le seul intérêt de cette pièce. La complainte contient aussi l'une des clefs fondamentales du *Remède de Fortune* et qui éclaire la notion même de contingence amoureuse. La « Fortune » dont l'amant est victime n'est pas exactement celle qui appauvrit les riches et humilie les puissants : elle est plutôt liée à Amour. Après sa complainte, l'amant conclut d'ailleurs, en jouant sur une paronomase : « Et fait ma pleine et ma clamour / de Fortune amere et d'Amour » (*RF*, v. 1484-1485). On trouvait certes déjà cette analogie chez Guillaume de Lorris (éd. Strubel, 1992, v. 3976-3980) :

---

21   Sur les différentes interprétations de ce songe au XIVᵉ siècle, voir Anna Zayaruznaya (2015). La critique montre de manière convaincante que Machaut cherchait ici à se distinguer de Philippe de Vitry qui, dans un motet, faisait du colosse aux pieds d'argile une figure de l'hypocrisie.

Mes amors est si outrageus
Qu'il me toli tout a une heure,
Quant je cuidai estre au desure.
Ce est ainsi com de fortune,
Qui met es cuers des genz rancune.

Sauf qu'aucun événement concret n'est vraiment de nature à justifier cette lamentation : l'amant n'a pas été trahi, il n'a pas été trompé par la dame. Son seul échec est intérieur. Espérance, qui reproche au narrateur de s'être délecté dans sa complainte, souligne ce problème :

Tu ne te dois pas desperer
Pour un petit de mesprison,
Car mauvaiseté ne traïson
N'i ot, quant a la verité,
Fors päour, honte et nisseté...
(*RF*, v. 1662-1666).

Comme il le développera plus tard dans le *Voir Dit*, Machaut cherche surtout ici à souligner la parenté entre Fortune et Désir[22]. Dans la dernière strophe de la complainte, qui ressaisit l'ensemble du poème, l'amant met ainsi côte à côte Désir, Amour et Fortune comme trois entités travaillant conjointement au malheur de l'amant :

C'est de Desir qui mon cuer flame
Et point de si diverse flame,
Qu'en monde n'a homme ne fame
Qui medecine
Y sceüst, se ce n'est ma dame,
Qui l'art, qui l'esprent, qui l'enflamme
Et bruist d'amoureuse flame,
N'elle ne fine.
Fortune est sa dure voisine,
Et Amours l'assaut et le mine,
Dont morir cuit en brief termine,
Sans autre blasme
(*RF*, v. 1465-1472)

C'est sur ce point précis que la notion de contingence prend toute sa signification. Il ne s'agit pas pour Espérance de consoler un amant éconduit.

---

22 Sur cette analogie, voir Jacqueline Cerquiglini-Toulet (1985, p. 65-70). Voir également Catherine Attwood (2007, p. 51-60).

Il s'agit plutôt de consoler un cœur qui, de l'intérieur, fait l'expérience d'une
perpétuelle mutation, passant successivement de l'optimisme au pessimisme,
mécanisme illustré par le proverbe qui ouvre la complainte : « Tels rit au main
qui au soir pleure » (v. 905)[23]. Le désir est présenté comme l'expérience d'une
variation. C'est précisément ce constat qui inspire à l'amant sa complainte :

> Car je sens et voy clerement
> Par mon fait, et non autrement,
> Que cuer d'amant qui aimme fort
> Or a joie, or a desconfort,
> Or rit, or pleure, or chante, or plaint,
> Or se delite en son complaint [...].
> (*RF*, v. 873-878)

  Un détail de l'intrigue est ici capital pour comprendre le sens de cette
instabilité intérieure et mesurer l'ampleur de la menace que constitue
la contingence pour le jeune poète : l'amant n'a pas encore osé dire son
amour à la dame. En d'autres termes, il n'a pas encore confronté son
amour au réel. Le désir est, à ce stade, une expérience solitaire qu'incarne
parfaitement le lai que nous qualifions plus haut de poésie compensatoire.
La contingence, au Moyen Âge, ne signifie pas seulement « accident » ou
« événement imprévu ». Elle possède une autre signification qui lui vient
du *De Interpretatione* d'Aristote, traduit en latin par Boèce[24] : il s'agit bien
au départ de nommer la particularité des énoncés qui portent sur des
événements futurs. Contrairement aux énoncés portant sur le présent ou
sur le passé, ces énoncés ne peuvent pas être immédiatement qualifiés de
« faux » ou de « vrais », puisqu'on ne peut encore juger de leur validité.
L'énoncé contingent est un énoncé qui anticipe et demeure virtuellement
ouvert. Or, c'est sans doute aussi cette anticipation qui mine l'amant : le
fait qu'il n'ait pas encore révélé son amour à la dame et, par là même, qu'il
n'ait pas encore confronté son désir à la réalité l'oblige à demeurer dans
un état d'anticipation inquiète qui le pousse à concevoir, tour à tour, un
scénario optimiste et un scénario pessimiste. Comme le mouvement de
la roue de Fortune, l'état d'esprit de l'amant est perpétuellement soumis

---

23 Citons à cet égard Jacqueline Cerquiglini-Toulet : « Le brusque revirement de Désir, qui
     passe sans cause – le point est fondamental – de la joie à la tristesse et de la tristesse à
     la joie est œuvre de Fortune » (Cerquiglini-Toulet, 1985, p. 65).
24 Sur ce traité et les définitions de la contingence au Moyen Âge, voir Daniel Heller-Roazen
     (2003, chapitre 1).

au mouvement par le fait même que le désir soit une anticipation, une rêverie au futur. La joie amoureuse, à ce stade, n'est qu'un possible qui dépend d'événements futurs sur lesquels il paraît impossible de se prononcer. Il n'arrive certes rien au narrateur, mais le futur contingent suffit à le soumettre à la loi de Fortune. La poésie de contingence n'est donc pas seulement, dans le *Remède*, une poésie dont la forme et la musique sont placées sous le signe de l'instabilité. Elle est aussi une poésie qui formule l'angoisse d'un désir resté à l'état de fantasme.

L'AVENIR D'UNE ILLUSION

C'est la raison pour laquelle Espérance et sa doctrine constituent un véritable « remède » : projection optimiste dans le futur, l'espérance donne de l'avenir une vision heureuse. Quoiqu'elle soit liée à la mémoire, elle est bien une autre manière de concevoir le futur, désormais débarrassé du doute. Forgeant une nécessité factice, l'espérance suffit à contrecarrer le pouvoir de Fortune. On peut ainsi, dans le malheur amoureux, se réjouir. La « fisicienne » prend l'image d'un sauvage qui chante sous la pluie, sachant en son cœur que le soleil reviendra :

> Tu deüsses en sa muence
> Penre cuer et bonne esperence
> De mieus avoir, se fusses sages.
> Ne dit on que li homs sauvages
> S'esjoïst, quant il voit plouvoir,
> Et chante ? Qui l'i fait mouvoir ?
> L'espoir qu'il prent en son revel
> Qu'après le lait il fera bel.
> (*RF*, v. 2695-2702)

Cette image offre certes un réconfort assez temporaire. Si l'amant peut à son tour chanter sous la pluie, c'est surtout en attendant de regagner, par l'action de Fortune, le sommet de sa roue. Aussitôt revenu en haut, il pourrait aussi s'attendre à une chute imminente. La déesse donne à l'amant d'autres raisons d'espérer, qui sont susceptibles de l'extraire totalement de ce mécanisme. L'une d'entre elles est la dame elle-même, ou plutôt son image idéalisée : si la dame est aussi parfaite que l'amant la décrit, elle doit nécessairement déjà connaître son amour et être capable de reconnaître en lui un *vrai amant*. La réciprocité, dans le discours allégorique d'Espérance, n'apparaît plus comme un possible, mais comme une nécessité théorique. Ce scénario est d'autant plus vraisemblable que la dame finit, peu à peu, par disparaître au profit de son image. Espérance invite à tourner son attention vers *Souvenir* et *Doux Penser* (*RF*, v. 1623). Ces deux termes renvoient au réconfort procuré par l'image mentale (*RF*, v. 1671-1691)[25]. Comme le souligne Sylvia Huot, il y va d'un geste d'intériorisation de l'image de la dame qui, placée au-delà de sa personne réelle et singulière, devient presque « *an arbitrary sign de transcendance* » (« un signe arbitraire de transcendance », Sylvia Huot, 2002, p. 177). Une dame parfaite, pourvue de Franchise, Pitié, « Humblesse » et Charité. En d'autres termes, la leçon d'Espérance invite à se placer au-delà du réel, à se nourrir d'un idéal construit. Un paradis artificiel.

La poésie que promeut Espérance correspond, en tout point, à cette stratégie d'idéalisation : contrairement au lai et à la complainte, la ballade, le virelai et le rondeau sont des formes ramassées, plus compactes, structurées autour d'un refrain. Leur discours est fermé sur lui-même. Les formes fixes sont certes des formes présentées comme plus festives, plus rythmées, mais elles peuvent aussi apparaître comme des univers artificiels, qui traduisent, par leur circularité, une perfection feinte. Le rondeau chanté par l'amant au moment de sa séparation provisoire avec la dame illustre parfaitement cet artifice :

> Dame, mon cuer en vous remaint,
> Comment que de vous me departe.
>
> De fine amour qui en moy maint,
> Dame, mon cuer en vous remaint.
>
> Or pri Dieu que li vostres m'aint,
> Sans ce qu'en nulle autre amour parte.
> Dame, mon cuer en vous remaint,
> Comment que de vous me departe.
> (*RF*, v. 4107-4114)

Circulaire comme l'anneau échangé avec la dame en présence d'Espérance, le rondeau exprime ici un désir d'éternité que la rime *remaint/maint* met en valeur. Pourtant, la dernière strophe sème le trouble

25   Voir à nouveau Jacqueline Cerquiglini-Toulet (1986).

dans cette perfection : quoiqu'affichant sa confiance en l'avenir, l'amant formule aussi, au passage, la crainte d'un revers de Fortune. Telle est la contradiction qui va occuper toute la fin du *Remède de Fortune*.

Nous avons dit que l'amant semblait guéri grâce à la mémoire d'un idéal qui lui permettait de se placer au-delà des contingences du désir et de la réalité. Au départ, l'amant semblait encore très dépendant du regard de la dame, seul remède capable d'apaiser les souffrances du désir :

> Car comment que Désirs m'assaille
> Et me face mainte bataille
> Et poingne de l'amoureus dart.
> Qui souvent d'estoc et de taille
> Celeement mon cuer detaille,
> Certes bien en vain se travaille,
> Car tout garist son dous regart
> (*RF*, v. 639-645)

Peu à peu, la figure de la dame, comme effacée par celle d'Espérance qui en constitue le double magnifié, semblait prendre moins d'importance. Mais, lorsque l'amant revient de son voyage, il s'inquiète à nouveau de ce regard qui lui échappe. Il constate que la dame a changé :

> Car je vi de moy departir
> Ses trés dous yeus, et autre part
> Traire et lancier leur dous espart ;
> Et ne sceus se ce fu a certes ;
> Mais j'en fui près de morir, certes ;
> Car de samblant et de manière,
> De cuer, de regart et de chiere
> Qu'amis doit recevoir d'amie,
> Me fu vis qu'elle estoit changie,
> Et pensay qu'elle le faisoit
> Pour autre qui mieus li plaisoit.
> (*RF*, v. 4144-4154)

Face à ces signes inquiétants, l'amant demande à la dame de le rassurer. Celle-ci lui révèle qu'elle cherche à « celer » leur amour pour échapper aux « mesdisans » (v. 4204). La justification est rapide : quelques vers. L'amant ne cherche pas plus loin. Il tient cette réponse pour le meilleur réconfort qui soit. S'en remettant de nouveau à un idéal quelque peu factice, il cite un proverbe : « Et aussi qui aimme sans blame / en tous cas doit croire sa dame » (*RF*, v. 4243-4244). L'amant obéit ainsi au conseil d'Espérance. Il résout son inquiétude en faisant le choix de l'optimisme, quitte à s'en remettre davantage à un idéal trompeur :

> Nompourquant je me vos tenir
> De tous poins a fermement croire
> Qu'elle disoit parole voire.
> (*RF*, v. 4226-4228)

Le lecteur n'en saura pas plus. Le récit s'interrompt sur un coup de force paradoxal : si l'amant a bien mis en pratique la leçon d'Espérance en faisant le choix de se fier à une vision idéalisée de la dame plutôt qu'à ses soupçons instinctifs, il est aussi, de bout en bout, soumis au regard de la dame. La tentative d'insoumission au réel échoue en partie. De surcroît, ce choix final de l'optimisme peut paraître relever de la naïveté. Sarah Kay suggère que l'amant se réfugie dans un « *fool's paradise* » (« un paradis d'insensé », Kay, 2008, p. 33). Quant à Elizabeth Elliott, elle attribue à cette fin une « *comic resonance* » (une « résonance comique », Elliott, 2012, p. 55). Machaut parvient assurément à terminer son récit d'une manière ambiguë, donnant à l'ensemble du « traité » une sorte d'ombre rétrospective : la leçon d'Espérance serait-elle un artifice trompeur, un remède abstrait qui plonge l'amant dans une illusion ridicule ?

Dans tous les cas, la fin du *Remède de Fortune* présente bien les signes d'un retournement de Fortune. Ce retournement n'a rien de contradictoire en soi. Ni Espérance chez Machaut, ni Philosophie chez Boèce, n'ont prétendu que Fortune n'existait pas. Fortune constitue bel et bien une force avec laquelle il faut composer. Comme l'écrit l'amant dans sa complainte :

> Fortune scet plus de pratique
> Que ne font maistre de fisique,
> De divinité, de logique,
> Et mendiant,
> Pour trouver une voie oblique ;
> Elle oint, elle point, elle pique,
> Elle fait a chascun la nique,
> En sousriant.
> (*RF*, v. 985-992)

Philosophie et Espérance ne peuvent que livrer des armes psychologiques pour échapper moralement à la toute-puissance de cette divinité.

Jusqu'au bout Fortune agit, même si le texte s'interrompt brusquement. Dès que l'amant fait le choix de croire la dame, la voix du clerc se fait entendre pour signer et conclure le dit. La structure ascensionnelle du traité est protégée par cette apocope narrative[26]. Le *Voir Dit*, on le sait, explorera ce retournement de Fortune dans sa deuxième partie.

La forme du dit apparaît donc comme la forme-sens d'un projet hétérogène. Le *Remède de Fortune* se donne à la fois comme un traité de poésie, comme un témoignage fictionnel en *je*, comme un texte philosophique. De la conjonction de ces divers ingrédients résulte une hybridité qui participe de l'ambiguïté du texte. Guillaume de Machaut cherche, en mettant en scène un *je* qui est à la fois la voix du clerc et celle de l'amant, à tracer un parcours où les poèmes lyriques représentent diverses conceptions de l'amour et de la musique : le lai est composé sous la loi de Désir, la complainte sous celle de Fortune, le chant royal, la ballade, le virelai et le rondeau sous celle d'Espérance. Si leur distribution peut s'apparenter, nous l'avons vu, à une progression morale et musicale, l'esquisse d'un retournement final invite peut-être à lire le *Remède* autrement que comme une simple ligne droite. La poésie permet bien de dépasser l'angoisse de la contingence amoureuse. Elle possède une efficace. Mais cette fin ambiguë laisse également ouverte la possibilité d'un recommencement : on peut aussi lire le *Remède* comme un cycle, un épisode de réconfort qui progresse jusqu'à ce que l'édifice mental, poétique voire métaphysique d'Espérance soit mis implicitement en cause dans les derniers vers du récit. Si l'amant choisit le remède de l'illusion, toute la force du dit de Machaut est de montrer discrètement au lecteur qu'il s'agit aussi d'un artifice, peut-être même d'un aveuglement. La toute-puissance de la poésie repose avant tout sur la foi qu'on veut bien accorder à l'idéal qu'elle construit. Elle est une œuvre de fiction.

Mathias SIEFFERT
Université Paul
Valéry-Montpellier 3

---

26 Jacqueline Cerquiglini-Toulet note, à propos de la fin du *Remède* : « cette deuxième partie qui serait celle du retournement, du désamour, n'est pas traitée. Elle est ébauchée seulement et interrompue par un acte de foi » (Cerquiglini-Toulet, 1985, p. 61-62).

　　　　　　　　MATHIAS SIEFFERT

ANNEXE

Table des insertions lyriques dans le *Remède de Fortune*

Pièces insérées	Nombre de voix	Auteur	Notation	Situation
Lai (v. 431-680)	1	Amant	AA (*ars antiqua*)	Composé en secret au sujet de la dame.
Complainte (v. 905-1480)	1	Amant	AA	L'amant chante seul dans le parc de Hesdin.
Chanson royale (v. 1985-2011)	1	Espérance	AA	Après avoir réconforté l'amant et lui avoir offert l'écu bleu, Espérance chante et l'amant s'endort en l'écoutant.
Baladelle (v. 2857-2892)	4	Espérance	AN (*ars nova*)	Après s'être nommée, Espérance enseigne la nature de Fortune et chante la « baladelle, / de chant et de dittié nouvelle » (*RF*, v. 2851-2853).
Balade (v. 3013-3036)	4	Amant	AN	Se souvenant des conseils d'Espérance, l'amant compose une ballade.
Prière (v. 3205-3348)	Sans musique	Amant		En chemin, l'amant prie le dieu Amour et rend grâce à Espérance.
Chanson baladée (virelai, v. 3451-3496)	1	Amant	AN	Le poète a rejoint un groupe de jeunes dames et chevaliers parmi lesquels sa dame est présente.
Refrain (« Dieus, quant venra le temps et l'eure » v. 3502-3503)	Sans musique	Une dame		Une dame de la compagnie chante à son tour une chanson (peut-être un autre virelai ou un rondeau).
Rondelet (v. 4107-4114)	3	Amant	AN	Devant partir, l'amant donne l'anneau d'Espérance à la dame, et chante le rondeau.

L'INVENTION DU *DIT*

Quand le dit devient un écrit

Voir naître et mourir une forme littéraire, c'est ce à quoi nous invite ce volume. C'est donc dans une perspective historique d'évolution des emplois des mots *dit* et *ditié* que je reprends les réflexions que j'ai menées jusqu'alors dans le cadre du *Grundriss* pour les XIVᵉ et XVᵉ siècles. Pourquoi a-t-on besoin d'inventer des sens nouveaux dans la terminologie littéraire ? Parce que des objets nouveaux apparaissent : formes, genres[1] ? Parce qu'on invente des découpages nouveaux, des classements nouveaux ? Le processus consiste souvent en la spécialisation d'un mot existant pour lui faire désigner la forme nouvelle sans que le sens premier ne disparaisse. Il en résulte une forme d'ambiguïté dans la valeur des termes au départ, dont il peut rester des traces dans le fil de l'évolution. Le phénomène s'observe pour le mot *roman*, de la désignation d'une langue à la désignation d'un genre ; pour le mot *nouvelle*, de la désignation d'une qualité esthétique à celle d'un genre ; pour le mot *lai*, de l'étymologie celtique, *laid* (chant, poème) au lai narratif et au *lay* lyrique sans que l'on sache exactement comment se fait l'évolution et dans quel sens elle va. Est-ce du lyrique au narratif puis à nouveau au lyrique ? De même pour le mot *livre* et pour les deux mots qui nous occupent : *dit* et *ditié*. On assiste à la mise en place d'un lexique poétologique et critique.

Les mots *dit* et *ditié* n'ont pas la même étymologie : *dit* est un déverbal de *dicere*, « dire », *ditié* de *dictare*, « composer ». Les deux mots sont attestés au XIIᵉ siècle, *dit* d'abord au sens général de « parole », *ditié*, à celui général de « composition ». Mais *dit* dès l'origine n'est pas en

---

1 On pourrait évoquer le cas du mot *miracle* qui, du sens général d'événement impliquant une intervention surnaturelle, peut se spécialiser dans la désignation d'un genre théâtral. Tout miracle (récit d'un événement surnaturel) ne donne pas lieu à un miracle au sens de genre. Ainsi, dans *D'une abesse que Nostre Dame delivra de confusion*, Jehan de Saint-Quentin se propose de faire de l'événement miraculeux un *dit* : « Je pri la mere Dieu qu'ele me doint parfaire / Un dit qu'ai en propos de cest miracle faire » (Jehan de Saint-Quentin, éd. Munk Olsen, 1978, p. 268, deuxième quatrain, v. 5-6).

stricte équivalence avec le mot *parole*. Le binôme, fréquent, « parole et diz » que l'on rencontre par exemple dans *Erec* de Chrétien de Troyes (éd. Fritz, 1994, v. 5714) le suggère. Le mot *dit* comporte l'idée d'une parole mise en forme, d'un discours, d'une composition qui lui permet de rejoindre le sens originel de *ditié* et qui autorise l'entrée de l'un et l'autre terme dans le champ de la désignation littéraire. La spécialisation de ces deux termes dans ce champ va de pair avec un passage progressif d'un régime de l'oral à celui de l'écrit.

Les auteurs et les scribes ont-ils une idée implicite de ce qu'impliquent ces termes ou les utilisent-ils indifféremment en alternance avec d'autres : *conte, roman, traité*, par exemple ? C'est l'indétermination qu'a retenue la critique, généralement, ce choix aboutissant à un renoncement à approfondir. Pour les termes nommant les récits brefs, *estoire, dit, exemple, conte, fable* et ses diminutifs : *fablel* et *fabliau*, Paul Zumthor dans l'*Essai de poétique médiévale* prend acte de la distribution qu'il juge aléatoire : « Ce qu'ils désignent échappe à toute définition » écrit-il (Zumthor, 1972a, p. 159). L'ambition de ce volume est de reprendre cette question difficile.

Le Moyen Âge connaît diverses façons de classer ses productions littéraires. L'une des plus célèbres est celle qu'a proposée Jean Bodel dans le prologue de sa *Chanson des Saisnes* autour de la notion de *matière*. Un point me paraît acquis, que j'affirmais en 1988 (Cerquiglini-Toulet, 1988, p. 86) : ce n'est pas la matière qui fait le *dit*, encore que des sous-catégories nées d'une distinction par matière apparaissent bien, celle des « dits amoureux » par exemple. Guillaume de Machaut se fait ainsi donner l'ordre par Nature de composer « Nouviaus dis amoureus plaisans » dans le prologue rétrospectif de son œuvre (éd. Hoepffner, 1908, t. I, p. 1, v. 5). Pourtant si la rose, ou le lion, ou un récit comme *Florence de Rome* constituent une matière, un sujet, on constate qu'ils ont été traités par des textes qui s'appellent, pour la rose : *conte* (Baudouin de Condé), *dit* (Guillaume de Machaut, Christine de Pizan), *roman* (Guillaume de Lorris et Jean de Meun). Mais l'on s'aperçoit que *Li Contes de la Rose* de Baudouin de Condé (éd. Scheler, 1866) n'est pas narratif au sens où nous entendons le mot *conte* d'ordinaire et que dans le manuscrit de Turin ce qui figure à partir du vers 331, à savoir la comparaison de la beauté de la dame à celle de la Rose, est traité comme un texte séparé sous le titre *Li Dis de la rose par equivoques*. Le texte de Machaut[2] a bien pour

---

2   Il est édité par Anthime Fourrier dans son édition de Jean Froissart (1979, p. 285-288).

titre dans les manuscrits *Le Dit de la rose* avec à la fin *Explicit le dit de la rose*, mais dans le corps du texte, le poète écrit : « Or est raisons que je vous compte / De ceste rose .I. petit conte » (v. 65-66). Seule Christine de Pizan appelle son texte à l'incipit et à l'explicit *Le Dit de la rose* et à l'intérieur de l'œuvre : « ce dictié » (v. 30, v. 602, v. 641). Pour le *Roman de la rose*, la désignation devient *Le livre de la rose* pour certains de ses lecteurs (Cerquiglini-Toulet, 2008, p. 13). Cela veut-il dire que Baudouin de Condé, ou Guillaume de Machaut, ne font pas de différence entre *conte* et *dit* ? Plutôt qu'une indistinction, le phénomène ne souligne-t-il pas une parenté ? La parenté tient dans la composante narrative. Mais alors que celle-ci est l'essence même du conte, elle n'est dans le dit qu'un élément. La différence, elle, massive tient au mode d'énonciation, à la première personne dans le dit, à la troisième dans le conte. Repartant des conclusions auxquelles j'étais parvenue dans mes articles de 1980 (Cerquiglini-Toulet, 1980, p. 151-168) et 1988 (Cerquiglini-Toulet, 1988, p. 86-94), je tente un inventaire des critères[3], qui, combinés, permettent de cerner l'idée médiévale du *dit*. Mon examen confronte en contrepoint le mot *dit* au mot *livre*, dans leur emploi méta-discursif respectif.

Je rappelle tout d'abord les sens du mot *dit* tels qu'on peut les désenchevêtrer. La valeur du mot peut varier en outre selon que le terme est employé au singulier ou au pluriel. Le premier sens renvoie à la parole mais à une parole organisée – des paroles donc plutôt, c'est-à-dire un discours. Cette parole organisée n'est pas transmise obligatoirement « de bouche ». Un exemple de Marie de France dans le *Lai de Milun* nous l'enseigne. La jeune fille, enceinte, demande à son ami de porter un message à sa sœur, message qui prendra plusieurs formes : « Si li manderez par escrit / Et par paroles e par dit » (v. 71-72). On retrouve ce type d'indications dans le *Dit de l'Alerion* de Guillaume de Machaut (éd. Hoepffner, 1911, p. 239-403). À propos d'une dame qui fait un reproche à son amant, le poète précise : « Le quel elle li dit de bouche. / Et lors que de bouche le dit, / Un dous regart le contredit » (v. 372-374). Le poète fait la distinction entre parole verbale et non verbale. Ailleurs à propos d'un des gardiens du gerfaut : « Et se moustra bien a son dit / Et

---

3   Dans sa thèse de 1996 parue chez Champion, *Le Dit et sa technique littéraire des origines à 1340*, Monique Léonard a confronté le mot *dit* dans son emploi méta-discursif à dix-huit termes qui peuvent se rencontrer en concurrence avec lui – les trois plus fréquents étant *conte, roman* et *fabliau* – sans arriver à des conclusions décisives.

par paroles de saison » (v. 3880-3881). Les modes de communication sont divers et le *dire* peut emprunter des voies différentes, dont celle de l'écrit. *Dit* désigne en particulier les inscriptions que les chevaliers rencontrent au hasard de leurs aventures dans les romans. L'inscription est un écrit qui, quand elle est lue devient parole et enseignement. Ainsi dans *Le Livre du Chevalier errant* de Thomas de Saluces (éd. Fajen, 2019), le héros arrive à une croix sur le pilier de laquelle « un dit estoit, / Qui telles parolles disoit » (v. 243-244). Il s'agit d'un avertissement à l'intention des chevaliers qui passent – il faut prendre la voie de droite – que le texte désigne par le mot « escript » : « Quant je vy ytel escript / Et entendis bien ce qu'il dist » (v. 255-256). On pense aussi au débat[4] qui s'est déployé autour du vers 18 de *Guillaume d'Angleterre* : « Crestiens dit, qui dire siaut » entre les deux sens possibles du verbe *dire* : « réciter » ou « composer ». Pour *dit*, quand le mot est au pluriel, il est difficile parfois de préciser exactement le sens. Comment comprendre les vers du lai du *Vair Palefroi* (Huon Le Roi, éd. Dufournet, 2010) – la nomination *lai* revenant à l'auteur (v. 29) ? :

> Por ce que reson sot entendre,
> Il veut de ses dis desploier,
> Que molt bien les cuide emploier.
> (v. 32-34)

La traduction de Jean Dufournet donne : « Parce qu'il a su comprendre le langage de la raison, il veut exposer certains de ses dits, croyant en faire un très bon usage ». Elle n'éclaire pas le sens du mot *dit* qui me semble plutôt pencher ici, étant donné la valeur du verbe *desploier* qui commande l'expression, vers le sens de « discours ».

Le deuxième sens désigne pour une pièce chantée les mots, le texte, dans une opposition à la musique. Baudouin de Condé dans *Li Prisons d'Amours* parle à propos d'un refrain qu'il cite : « D'un rondet dont c'est ci li dis » (v. 125) ; Guillaume de Machaut dans *Le Voir Dit* écrit du *Lai d'Espérance* : « Quant je os fait le dit et le chant / De ce joli lai, que je chant » (éd. Imbs, 1999, v. 4598-4599) ; Oton de Grandson dans *Le Livre messire Ode* : « Je viz venir tres liement / Ung qui chantoit joyeusement / De sa chanson les diz estoient » (éd. Grenier-Winther, 2010, v. 329-331). Les exemples sont multiples et le sens est clair.

---

4   Voir l'article de Brigitte L. Calay (2009).

Le troisième sens, général, est celui de composition poétique. *Dit* peut désigner toute pièce poétique, quelle que soit sa forme métrique. C'est la raison pour laquelle on rencontre, chez Guillaume de Machaut par exemple, dans le *Remede de Fortune*, des formules du type : « Fis je ce dit qu'on claimme lay » (v. 430) ou encore : « Je m'avisay que je feroie / De Fortune et de mes dolours, / Un dit qu'on appelle complainte » (v. 898-900). Mais on serait très mal avisé, à partir de tels exemples, de confondre *dit* méta-discursif et complainte ou lai. Car il y a des compositions que les poètes pensent dans un sens méta-textuel comme des *dits* et qui combinent des traits en provenance de tous les sens précédents. La première conséquence importante est qu'un *dit* comme genre peut contenir des *dits* au sens de pièces lyriques ou poétiques, comme un livre peut contenir des livres. Un bel exemple en est offert par le *Dit de la Panthère* de Nicole de Margival[5]. Cette œuvre, ainsi que l'appelle le poète, se désigne explicitement comme un *dit* à son dernier vers : « Cy fault le dit de la Pa[n]there » (Nicole de Margival, éd. Ribémont, 2000, v. 2672). Sa fonction est celle d'un salut d'amour, aveu déguisé du poète à sa dame, que le poète adresse, pour des raisons de discrétion, « en plusieurs parties, / A ses amis, a ses amies » (v. 19-20) pour qu'il arrive par la voie de Fortune, c'est-à-dire par hasard, entre les mains de sa dame. Ce *dit* est donc composé d'éléments, de morceaux, dont en dehors des pièces lyriques, trois *dits* qui se détachent de la narration en octosyllabes qui les entoure par leur versification. Le premier est composé par l'amant :

> Je leur dis c'un dit fait avoie,
> Ou ma volonté demoustroie.
> Si commençai le dit a lire
> Si com vous poez oïr lire.
> (v. 819-822)

Le second par Vénus :

> Dedens ce dit moult bien escript
> Avoit la deesse descript
> De mon cuer toute la matiere ;
> Et dit le dit en tel maniere.
> (v. 1147-1150)

---

5   Pour une étude détaillée du geste de l'enchâssement dans la *Panthère d'amour*, voir notre article (Cerquiglini-Toulet, 2011).

Le troisième par le dieu Amour :

> Atant dedens ma main me baille
> .I. dit, qu'il prist en s'aumosniere.
> Et dist li dis en tel maniere.
> (v. 1740-1742)

De ces exemples, ce que je retiens du *dit* comme genre est sa capacité d'enchâssement, capacité qu'il partage avec le *livre*. On en trouverait d'autres preuves dans des exemples de nomination. À la fin du *Debat de deux amans*, les deux amants qui ont débattu proposent à Christine que : « Faciez un dit du fait et de l'espace / De no debat » (Christine de Pizan, éd. Roy, 1886, t. 1, v. 1990-1991). On peut donc trouver un dit du débat, l'inverse ne se rencontre pas. Au début du *Chemin de longue étude*, Christine indique : « ay fait presentement / Cestui dictié que j'ay en termes mis » (v. 36-37) et précise à son mécène que ce dit comporte un débat (v. 46) qu'il devra trancher. Quand elle met fin au débat qui l'a opposée aux défenseurs du *Roman de la Rose*, Christine écrit : « Si feray fin a mon dictié du debat non hayneux commencié, continué et finé par maniere de solaz sanz indignacion a personne » (Christine de Pizan, éd. Valentini, 2014, p. 208). Même quand il est narratif, le dit travaille avec le discontinu, abstraitement ou concrètement. La discontinuité peut être réalisée formellement – c'est le cas des dits à insertions lyriques – elle peut être en puissance, reposant sur une comparaison. C'est le cas des dits allégoriques où la signification de la comparaison se détache du récit en étant soulignée par une formule. La grande majorité des dits du XIIIe siècle répond à ce schéma. Ainsi chez Jean de Condé, dans *Li Dis des trois estas dou monde* ou *Dit du coq*, chaque état, chevalier, prêtre, homme marié, doit prendre pour modèle le coq selon la formule, employée pour le chevalier : « Au koc doit bien prendre exemplaire » (v. 39). Dans le *Dit dou Lyon* du même auteur, la formule est « S'en face ensi con li lions » (v. 19). Tous ces dits sont fondés sur une *similitude* que l'auteur peut développer ou non à loisir. On retrouve ce moule au XIVe siècle, dans des dits courts, chez Guillaume de Machaut par exemple dans *Le Dit de la Harpe* : « Je puis trop bien ma dame comparer / A la harpe » (éd. Young, 1943, v. 1-2) ou chez Jean Froissart dans *L'Orloge amoureus* : « Je me puis bien comparer a l'orloge, / Car quant Amours, qui en mon coer se loge, / M'i fait penser et mettre y mon estude, / G'i aperçoi une similitude » (éd. Dembowski, 1986, v. 1-4). On le rencontre même pour des sections de dits longs, chez Machaut par exemple dans le *Dit de l'Alerion* :

> Or puis je moult bien sur ces dis
> Qui ci devant ont esté dis
> Faire un po de comparison
> A mon pooir sans mesprison.
> (v. 4649-4652)

Quels sont les autres critères qui contribuent à orienter vers une dénomination par *dit* pour une œuvre ? L'un est formel, le dit est en vers, l'autre relève du mode de dire : le dit comme genre a rapport à la question de la vérité. Ces deux critères sont-ils en contradiction l'un avec l'autre ? Ils devraient l'être si l'on appliquait au *dit* l'adage des défenseurs de la prose : « le vers ment ». Mais ce reproche n'est jamais retenu contre le *dit*. Se souvient-on alors de l'une des « fausses » étymologies de *versus* (vers) qui le rapproche de *verus* (vrai) ?

Aucun critère, à lui seul, ne définit le *dit*.

LE DIT ET LE VERS

Le *dit* s'écrit en vers. Il marque ainsi une différence avec le *livre*, nomination qui ne préjuge pas de la forme, métrique ou non, de ce qu'il désigne. Les formules qui reviennent pour annoncer un dit se répètent du XIIIe au XIVe siècle. On lit chez Jean de Condé : « biaus dis faire et rimoïer » dans *Li Dis de boin non* (éd. Scheler, 1866, p. 255, v. 2). Watriquet de Couvin parle dans son *Mireoirs as Dames* du conseil qu'il reçoit de Loyauté : « Et .I. dit en rime en meïsse » (éd. Scheler, 1868, v. 1160). On rencontre de même au début de la *Prise amoureuse* de Jean Acart de Hesdin : « Sera cilz diz rimés et faiz » (éd. Hoepffner, 1910, v. 59). Guillaume de Machaut conclut son *Remede de Fortune* en espérant que sa dame, dit-il : « Verra ce dit qu'ai mis en rime, / Comment qu'assez nicement rime » (v. 4289-4290). La formule se retrouve à la fin du *Dit dou Lion* : « Que ce livre ay mis en rime » (v. 2173). *Livre* est plus général. Rimé, il devient un *dit*.

Dans le *Dit de l'Alerion*, le poète désigne même l'œuvre entière qu'il vient d'achever par le mot *rime* en énonçant le moyen de trouver son nom : « Et se savoir volez sanz doubte / Qui a fait ceste rime toute » (v. 4801-4802). La formulation qu'emploie Jehan Maillart à la fin du *Roman du Comte d'Anjou* : « Je, qui a ce dit rimoier / Ai voulu mon dit emploier / Et lonc temps y ai mis m'estude » (éd. Roques, 1931, v. 8061-8063) a suscité des confusions. Dans la formule « mon dit emploier », *dit,* malgré la graphie, est le mot *di* « journée[6] », corroboré par le vers suivant « Et lonc temps y ai mis m'estude ». Cette graphie, d'ailleurs, n'a rien d'étonnant de la part de ce scribe qui, à rebours, écrit *dit* au sens de composition poétique *di* au vers 8106[7]. Ce qu'il faut retenir en revanche est que si l'œuvre est bien intitulée le *Rommans du conte d'Anjou* à l'incipit et à l'explicit par le copiste du manuscrit de Paris, BnF, NAF 4531, l'auteur lui la pense comme un dit. On trouve déjà au vers 8041 : « et par ce dit est bien prouvé » et à la toute fin : « Ci faut le dit du noble conte / D'Anjou » (v. 8149-8150)[8]. Que le *dit* soit en rimes, Christine de Pizan l'affirme au début du *Debat de deux amans* (éd. Roy, 1891, t. II). Elle dit au prince, le duc d'Orléans : « s'ay desir que voiez / Un petit dit, lequel ay rimoiez » (v. 45-46) ou encore au début du *Dit de la Pastoure (ibid.,* p. 222-223) : « Ay fait ce dittié en rimes, / A mon pouoir leonimes » (v. 15-16). Pourtant on rencontre chez elle, à de rares occasions, le mot *dittié* s'appliquant à une œuvre en prose. Elle désigne ainsi son *Epistre de la prison de vie humaine* (éd. Solente, 1924, p. 282-301), qu'elle dédie à Marie de Berry : « ains que je tire à conclusion cest present dittié ». Auparavant, elle était allée au-devant de l'étonnement qui aurait pu être celui de Guillaume de Tignonville quand elle lui adresse *Les Epistres du debat sur le Rommant de la Rose* (Hicks, 1977, lettre II, p. 8, lignes 38-41) : « Ne vous soit a merveille, pour ce que mes autres dictiéz ay acoustuméz a rimoyer, cestui estre en prose. Car comme la matiere ne le requiere autressy, est droit que je suive le stille de mes assaillans ». Dans les deux cas, ces *dittiés* en

---

6   On corrigera donc la traduction de Francine Mora, assez contournée : « Moi qui ai voulu employer ma parole à mettre en rimes ce poème » (Jean Maillart, trad. Mora-Lebrun, 1998, p. 218).

7   L'éditeur du texte, Mario Roques (Jean Maillart, éd. Roques, 1931) ne s'y est pas trompé qui ne relève pas le mot *dit* du vers 8062 dans son glossaire pour les occurrences du terme au sens de « composition poétique ».

8   Francine Mora a finement analysé ce passage du roman au dit dans son article « Du *Châtelain de Couci* au *Roman du Comte d'Anjou* » (Mora, 2011).

prose sont des *épîtres*. Ce sont des compositions au sens général et non des *dits* au sens particulier que nous cherchons à préciser.

LE DIT ET LA VÉRITÉ

Dans son *Dit du chancelier Philippe*, composé en l'honneur du chancelier de Notre-Dame de Paris au moment de sa mort en 1236, Henri d'Andeli affirme fermement le lien du dit à la vérité. Il distingue sur ce critère le *dit* de la *fable*, le *dit*, de plus, qui n'est pas écrit sur des tablettes effaçables mais sur du parchemin :

> Por ce qu'il est de verité,
> Ne l'apele mi flabel ;
> Ne l'a pas escrit en tablel,
> Ains l'a escrit en parchemin.
> (Henri d'Andeli, éd. Corbellari, 2003, v. 254-257)

Le dit est vrai et pérenne pour cet auteur. Mais l'on constate que certains fabliaux se réclament du critère de vérité. Le texte de Jacques de Baisieux *Le Vescie a prestre* (éd. Thomas, 1973) s'ouvre sur ces vers : « En lieu de fable vos dirai / Un voir, ensi k'oï dire ai, / D'un prestre » (v. 1-3). Est-ce la raison pour laquelle la rubrique du manuscrit intitule l'œuvre *dit* alors que cette nomination n'est pas présente dans le corps du texte et que les critiques modernes s'accordent à y voir un fabliau ?

Hans-Robert Jauss (1964, p. 120), dans un article « La transformation de la forme allégorique entre 1180 et 1240 », écrit en contrepoint de la rédaction du volume VI du *Grundriss der romanischen Literaturen des Mittelalers* (1968 et 1970, vol. VI / 1 et 2), a étudié comment les termes *fables* et *conte*, de plus en plus souvent employés au sens péjoratif, ont été évincés par *estoire* et *dit*. Il note que le mot *dit*, à l'origine, a servi à désigner le nouveau « modus dicendi » allégorique, d'où un lien fort, pour ces textes religieux ou moraux entre dit et vérité. On assiste ensuite à ce que l'on pourrait appeler une laïcisation. Un trouvère nommé Moniot ouvre son *Dit de Fortune* (Schneegans, 1932), composé en 1278-1279 sur la mort de Pierre de la Broce, par ces vers :

> Un ditelet vueil dire cortois e delitable,
> Cortois le dirai gié et assez bien notable.
> J'entent que je le die por estre pourfitable
> Au monde et nel die mie por fablel ne por fable.
> (v. 5-8)

Le dit doit être utile, donner une leçon, quelle qu'en soit la nature, amoureuse, morale, scientifique, enseigner. Il se fait *traité*, mot avec lequel il commute souvent. Rauf de Linham ouvre ainsi en 1256 son *Art du calendrier* (éd. Hunt, 1983), après avoir repoussé les matières sur lesquelles il ne veut pas composer (chansons de geste, vieilles histoires) :

> Pur ceo de tele chose dirrai
> Dunt verité vus musterai
> E proverai de mun dité
> Par reisun la verité.
> (v. 13-16)

Dans le domaine amoureux, on vérifie le lien du *dit* et de la vérité avec le texte de Guillaume de Machaut au titre emblématique : *Le Voir Dit*. « Le Voir Dit veuil je qu'on appelle / Ce traitié que je fais pour elle, / Pour ce que ja n'i mentirai » (v. 518-520), dit le poète, titre qu'il confirme à la fin de l'œuvre : « Ce dit / Que l'en appelle *Le Voir Dit* » (v. 8989-8990). Ce *traitié* est un *dit*, et il enclôt la vérité, pour autant que le poète la connaisse. De la tromperie de la dame, le poète dit : « S'il est voirs ce qu'on m'en a dit : / Autrement ne di je en mon dit » (v. 8179-8180). La formule revient cinq fois[9] en réponse aux inscriptions des cinq cercles de la Fortune à laquelle le poète compare sa dame. Et il apparaît encore une fois en conclusion (v. 8349-8350). L'inscription dans le *dit*, à savoir le texte, atteste la vérité de la rumeur, sous réserve de l'hypothèse que souligne le défenseur de la dame, « en l'art de logique mestres » (v. 8509) : « Comment que tousdis aiés dit : / S'il est voirs ce qu'on m'en a dit » (v. 8598-8599). On trouve la même formule dans le *Jugement dou Roy de Navarre*, là aussi à propos d'une affirmation anti-féministe, la femme est variable : « Et pour ce que chascun le dit, / L'ay je recordé en mon dit » (v. 3057-3058). Le *dit* qui relève de l'écrit donne une valeur de vérité à une parole, qui pourrait n'être que frivole. Guillaume de Machaut joue avec le *dit* et avec la définition de la vérité pour avancer des thèses non courtoises.

---

9   v. 8269-8270, 8285-8286, 8301-8302, 8317-8318, 8335-8336.

LA LONGUEUR ENTRE-T-ELLE
DANS LA DÉFINITION DU DIT ?

La tradition critique le laisse entendre en classant d'une part les dits du XIIIe siècle sous l'étiquette des genres brefs et en opposant par ce trait *dit* et *roman*. Dans le *Dictionnaire des Littératures de langue française*, on lit sous la plume d'Armand Strubel (1984, p. 658-659) : « *Dit* devient un nom commode pour des poèmes courts (au contraire du *roman*) ». La remarque est sans doute, globalement ou statistiquement, juste mais il faut rappeler malgré tout que l'auteur de l'*Ovide moralisé* (Trachsler *et al.*, 2018, Livre I) désigne son œuvre de 72000 octosyllabes sous le nom de *ditié* (v. 31 du premier livre et 7462 du quinzième livre). Il ajoute après le vers 31 du premier livre : « Ou tuit puissent prendre exemplaire » (livre I, v. 32) et après le vers 7462 du livre XV : « Et je pri que Diex, par sa grace, / Doint à ce dit tel efficace / Que cil y puissent profiter / Qui l'orront dire et reciter » (livre XV, v. 7463-7466). Le *dit* enseigne. Le clerc de Troyes fait de même avec son *Renart le Contrefait* qui comporte plus de 41000 vers. À l'inverse le *Roman des Eles* (Raoul de Houdenc, éd. Majorano, 1983) compte 660 vers et son auteur, Raoul de Houdenc décide de l'appeler « roman » :

> De cest conte conter avant
> N'ai talent que plus m'entremete.
> Si est droiz que je non [n']i mete
> A cest romanz ? par foi, je non !
> Li *Romanz des Eles* a non.
> (v. 656-660)

Plus important, le sentiment des auteurs médiévaux eux-mêmes ne semble pas accorder à ce critère une valeur proprement différentielle. Jean de Condé dans son *Dit des jacobins et des fremeneurs* s'affirme comme ménestrel : « Car biaus mos trueve et les reconte, / Dis et contes, et lons et cours » (éd. Ribard, 1970, v. 248-249). Au XVe siècle, Martin Le Franc loue Christine de Pizan d'avoir en son jardin toutes les fleurs « Dont les beaux dictiers longs et cours / Fait on en langage poly » (éd. Deschaux, 1999, t. IV, v. 18951-18952). Il ne faudrait pas non plus se méprendre

sur des expressions de type hypocoristique, relevant du topos d'humilité
comme : « mon petit dit ». Christine de Pizan désigne ainsi son *Livre du
Chemin de lonc estude* (éd. Tarnowski, 2000) qui compte 6398 vers par les
termes « Mon petit dit » (v. 12) et aux vers 55-56 : « Princes poissans, si
n'ayés en despris / Mon petit dit pour mon trop petit pris ».

Pour un type de dits, pourtant, ceux en quatrains d'alexandrins monorimes, la question de la longueur joue dans la récriture. On passe de récits
en octosyllabes à rimes plates relevant du roman ou de la chanson de geste
à ces dits, par voie d'abrégement. Tel est le cas pour *Guillaume d'Angleterre*
(éd. Ferlampin-Acher, 2007). L'œuvre du XIIIe siècle est présentée par son
auteur qui se nomme *Crestiiens* comme un conte au début (v. 3) et à la
fin du texte : « Tex est de cest conte la fin » (v. 3226), un conte que déjà
l'auteur dit vouloir mener rapidement : « Si que tost puis a fin venir »
(v. 10). Un dit le récrit à la fin du XIIIe siècle en 237 quatrains d'alexandrins
monorimes soit 948 vers (éd. Buzzetti-Gallarati, 1990). Ce dit ouvre le
manuscrit de la Bibliothèque nationale de France, fr. 24432 (f° 1r°a-13v°a)
qui recueille un nombre important de *dits* de Rutebeuf, de Jean de Saint-
Quentin, de Jean de Condé, de Watriquet de Couvin et aussi *La Panthère
d'amours* et *La Prise amoureuse*. On trouve un même abrègement dans le cas
de *Robert le Diable* (éd. Gaucher, 2006) qui passe du récit du XIIIe siècle en
4718 octosyllabes à rimes plates à un dit (éd. Breul, 1895, p. 464-509)[10]
de la première moitié du XIVe siècle, en 254 quatrains d'alexandrins
monorimes, soit 1016 vers. Le même phénomène s'observe pour *Florence
de Rome*. La chanson du premier quart du XIIIe siècle compte 6410 vers
dans l'édition de A. Wallensköld (1907). Le dit de Jean de Saint-Quentin
(éd. Munk Olsen, 1978, p. 150-187) en quatrains d'alexandrins monorimes
a 832 vers, soit environ huit fois moins. L'auteur connaît l'existence de
la chanson qu'il qualifie de « roman » et qu'il dénigre au nom de deux
critères liés, manque de vérité et longueur : « Mais un rommans en est
ou en a ajoustees / Granz bourdes qui n'i doivent pas estre recordees »
(v. 695-696). La vérité, dit-il, se trouve dans les *Chroniques de Rome*, qu'il
revendique comme source, dès la deuxième strophe de son *dit*, chroniques
encore plus notables, « de trop plus grant sustance » (v. 7) que celles de
Saint-Denis en France. Le dit est vrai. Il a pour lui, selon Jean de Saint-
Quentin, la vérité de l'*estoire*, la vérité historique.

---

10   Voir l'analyse de ce dit par Elisabeth Gaucher dans son ouvrage *Robert le Diable. Histoire
     d'une légende* (2003, p. 105-111).

Si l'on en juge par la composition de certains recueils du XIIIᵉ siècle, il y a bien pour les auteurs et pour les lecteurs, un moule mental du *dit* qui comporte une certaine idée de la longueur. Cela est manifeste dans le cas des dits en quatrains d'alexandrins monorimes pour lesquels nous avons des points de comparaison comme nous venons de le voir. Quand le dit est très court, il peut même se voir appelé *dittelet*. C'est le cas du *Dit de Fortune Mon(n)iot* qui comprend 88 vers où l'auteur emploie le mot au début (v. 5) et à la fin : « Or veut ci Monniot son ditelet fenir » (v. 85). Ce moule mental fonctionne-t-il également pour les scribes ? Comment interpréter les mentions que l'on trouve à la fin de certains dits de Jean de Condé dans le manuscrit 1598 de la Biblioteca Casanatense de Rome[11] ? Le scribe, au lieu de rappeler le titre en explicit, conclut par : « Explicit .C. et .X. viers » à la fin du *Dit d'onneur quengie en honte*, « Amen. Explicit. C et .XXX. viers », à la fin du *Dit dou fighier*, et ainsi de suite. Pourquoi ? Est-il payé à la ligne et le *dit* se ramène-t-il pour lui à un nombre de vers ?

DE DIT À LIVRET

La question de la nomination des textes a très souvent été obscurcie par les éditeurs modernes qui, au mépris des indications internes, ou en l'absence d'indications, ont imposé des titres en fonction de leur propre sentiment, de leur « compétence » si l'on parle dans les termes des grammairiens générativistes. Monique Léonard (1996, p. 343) a calculé pour la période des origines à 1340 qu'elle étudie, que 40 % des pièces ont été rattachées au « genre » du *dit* par la seule critique moderne. De ces nominations imposées, le texte connu sous le nom de *Roman de Fauvel* (éd. Strubel, 2012) est un bel exemple. Il est nommé ainsi sans doute sur le modèle du *Roman de Renart*. Mais l'on ne trouve cette mention ni à l'incipit ni à l'explicit des manuscrits à une exception, celle du manuscrit BnF, fr. 24375 de l'extrême fin du XVᵉ siècle qui donne « Explicit li romans de Fauvel[12] ». L'œuvre est désignée à l'intérieur du

---

11   Voir l'édition de Simonetta Mazzoni Peruzzi (Jean de Condé, 1990).
12   Voir pour la description des manuscrits l'édition d'Arthur Långfors (1914-1919). Pour le manuscrit BnF, fr. 24375, voir p. XIX.

texte par le mot *traitié* (v. 1229) ou les mots *livre* et *livret* : « Se cest livre voulons entendre » (v. 169), « Que ce petit livret li plaise » (v. 1238), « En ce livret qu'il a trouvé » (v. 2921)[13]. La nomination s'est compliquée dans ce cas pour la désignation de l'œuvre de Raoul Le Petit, qui en est tirée, et qui est faite de quarante dessins légendés. Le manuscrit qui la contient, le BnF, fr. 571 ne lui donne pas de titre. Son éditeur Arthur Långfors (1914-1919) l'a appelée *L'Histoire de Fauvain*, en raison sans doute des dessins, le mot *histoire* dans l'ancienne langue pouvant désigner une représentation picturale. La critique postérieure a varié les nominations : *Roman de Fauvain* pour Jane Taylor (1998, p. 569-589) ou *Dit de Fauvain* pour Margherita Lecco (2009). Une lettre de 1396 adressée à Louis, duc d'Orléans qui analyse le contenu du manuscrit BnF, fr. 571 l'appelle *Le Livre de Estrille Fauveau*.

Cette tendance s'observe chez Guillaume de Machaut avec la double nomination assumée de son *Dit de la Fontaine amoureuse* (éd. Cerquiglini-Toulet, 1993). Il rappelle à sa dame dans *Le Livre du Voir Dit* que son œuvre précédente est connue sous deux noms : « Je vous fais escrire l'un de mes livres que j'ai fait derrainement que on appelle *Morpheus* » (lettre IV) et « Je vous envoie mon livre de Morpheus que on appelle la *Fontaine amoureuse* » (lettre X). Les manuscrits reflètent cette dispersion pour le titre : *Livre de la fonteinne amoureuse* pour le manuscrit BnF, fr. 1584, supervisé par Machaut, *Dit de la fonteinne amoureuse* pour le manuscrit BnF, fr. 22545, *Livre Morpheus* pour le manuscrit BnF, fr. 9221, offert à Jean de Berry, *Dit de la fonteinne amoureuse que l'on appelle Morpheus* pour le manuscrit BnF, fr. 843. On tire du phénomène deux conclusions : l'alternance possible dans la désignation entre *dit* et *livre* et la focalisation différente, *Dit de la fonteinne amoureuse* orientant vers la dimension amoureuse et *Le Roman de la Rose*, comme horizon, *Livre de Morpheus* soulignant la dimension mythologique et savante avec en arrière-plan *L'Ovide Moralisé*. Il est significatif que Chaucer qui reprend l'histoire de Ceys et Alcione qui ouvre la *Fonteinne amoureuse*, appelle son œuvre « livre » : *Book of the Duchess*. La montée en puissance du mot *livre* comme désignation des œuvres s'affirme avec Alain Chartier (éd. Laidlaw, 1974). Il qualifie ainsi son *Debat des deux Fortunés d'Amours* :

---

13   Pour les autres exemples, voir les vers 2925, 4155, 4301.

> Ce livret voult ditter et faire escripre,
> Pour passer temps sans courage vilain,
> Un simple clerc que l'en appelle Alain
> Qui parle ainsi d'amours par ouïr dire.
> (v. 1243-1246)

Il intitule *Livre des quatre Dames* le débat entre les quatre dames rencontrées à la suite de la défaite d'Azincourt : « Dont en ce livre la querele / J'ay mise en rime tele quele, / Au long escripte » (v. 3478-3480), et à la fin : « En gré soit pris / Ce livret pour vous entrepris » (v. 3524-3525). Le mot *dit* n'est plus présent. Il est remplacé par le mot *debat*, par le mot *livre* ou par une nomination directe : « Explicit les iiij dames ». Comment René d'Anjou dans son *Livre du Cœur d'Amour épris* (éd. Bouchet, 2003) nomme-t-il les œuvres des six grands poètes d'amour qu'il isole dans son cimetière ? Pour Ovide, l'épitaphe en *je* parle simplement de *faiz* et *dis* (v. 1561) ; pour Boccace, de ses nombreux *volumes* (v. 1584) ; pour Jean de Meun, il n'est question ni de genre ni de forme. L'épitaphe met l'accent sur la matière uniquement, disant qu'il fut « l'un / Des poëthes regnans qui plus parla d'amer » (v. 1592-1593). Pour les trois autres poètes, les indications se font un peu plus précises : Machaut a écrit « ditz et chançons » (v. 1573) et plus précisément « mainte balade, complainte et virelay » (v. 1576), Pétrarque a fait « maint dit gentilz et maint livret » (v. 1606), Alain Chartier « chançons, ballades et dictiez » (v. 1621). La nomination reste très générale. On saisit peut-être une opposition entre forme non chantée et chantée dans le cas de Machaut « ditz et chançons », ou une opposition entre forme fixe et forme poétique générale dans le cas de Chartier : « chançons, ballades et dictiez ». Pour Pétrarque, la formule semble mettre en équivalence « dit » et « livret ». En fait au XVe siècle, le mot *dit* dans ses emplois méta-discursifs semble bien être remplacé par le mot *livre*. Quand en 1500, Antitus (éd. Python, 1992) dédie ses *Quatre eages passees* à son protecteur, le prince-évêque Aimé de Montfaucon, il nomme l'œuvre *dictié* à la première strophe (v. 7) mais la désigne d'un terme nouveau à la fin, *libelle* (v. 327) : « Ainsi fais fin a ce petit libelle / Ycy narré comme Ovide l'a mis ».

Dit au cours du XVe siècle, se cantonne de plus en plus souvent à son sens général de composition poétique, d'écrit en vers, sans que ne soit plus mis l'accent particulièrement ni sur une dimension narrative ni sur une valeur didactique comme c'était le cas au XIIIe et XIVe siècle. *Dit* désigne alors simplement une forme poétique moins déterminée, métriquement, qu'une ballade ou un rondeau. Il peut alterner dans les nominations avec le mot *complainte*. Guillaume de Machaut termine sa complainte : « Sire, a vous fais ceste clamour » (éditée dans Jean Froissart, éd. Fourrier, 1979, p. 330-331) sur les vers : « Et veuilliez savoir par mon dit, / Par ma clamour et par mon plaint / Qu'assez rueve qui se complaint » (v. 42-44). Eustache Deschamps écrit une pièce de 416 vers, un mandement, qu'il intitule : « D'un beau dit de ceuls qui contreuvent nouvelles bourdes et mensonges » (éd. Raynaud, 1891, t. VII, p. 347-360). Ce sens général s'applique aussi au mot *dictier*. Jean Molinet (éd. Dupire, 1936-1939) compose un nombre important de pièces de ce nom où le mot, au titre, est complété par l'indication du sujet de la composition : *Dictier des quatre vins franchois, Dictier de Tournay, Ung dictier de Renommee, Vertus et Victoire,* par exemple. Dans le *Dictier de Tournay* le poète évoque pour s'en moquer les compositions qui étaient celles de l'école de Rhétorique de cette ville : « Tes cantz reaulx, tes vielaix et dictiers / Tes jeux de farse et tes brocquars couvertz » (v. 271-272). Les *dictiers* sans caractérisation particulière font partie de cette production diverse au côté des virelais au nom volontairement déformé et rabaissant de *vielaix*, « vieux lais ». Complémenté par l'adjectif *moral*, le *dit* désigne aussi au tournant du XVe siècle des pièces de vers faisant fonction de légende d'une représentation imagée, tels les *Dictz moraux pour faire tapisserie* de Henri Baude (1988). Nous sommes loin du dit narratif. Sans forme déterminée de versification, les *dits* ou *dictiers* ne rentrent pas en tant que tels dans les arts poétiques de la fin du Moyen Âge, qui sont des arts de versification, pas plus qu'ils ne relèvent des arts poétiques du XVIe siècle, ne renvoyant pas aux catégories aristotéliciennes qui les gouvernent. Le *dit*, comme genre en tant que tel, sort du jeu poétique.

J'aurais aimé trouver pour le *dit* un texte qui mette en scène son « invention » comme cela se produit pour le *lai* avec le *Lai du lecheor*. Ce texte en effet récrit en dérision le prologue général des *lais* de Marie de France mais il substitue à la réflexion théorique de Marie sur l'écriture une explication pseudo-historique et franchement graveleuse de la naissance du *lai*. Il faudrait réfléchir aussi sur les hapax, qui, semblant désigner un genre, en nomment en fait le seul représentant. Tel est le cas de la *chantefable* porté par *Aucassin et Nicolette*. La chante fable est-elle l'envers du voir dit ? Quand on peut procéder à des comparaisons, on constate que le terme *dit* traduit le latin *carmen*. L'auteur de l'*Ovide moralisé* ouvre son œuvre en citant Ovide :

Ovides a sa commençaille
Apele en plurier Dieu et dit :
« Aidiez, dieux, a fere cest dit. »
(v. 98-100)

Le texte des *Métamorphoses* donne en ce point : *carmen.* Il resterait enfin à voir comment le terme *dit* a été traduit dans les autres langues médiévales. On rencontre en italien au Moyen Âge des dits sous le nom de *detto*[14]. Geoffrey Chaucer (éd. Robinson, 1961) utilise le mot *dytee.* Il écrit dans *The House of Fame* : « To make bookys, songs, dytees / In ryme, or elles in cadence » (v. 622-623). Un cas intéressant est celui du japonais. Il existe au Moyen Âge un type de texte les *monogatari* qui introduisent dans le récit des poèmes, les *waka* et plus précisément même des *tanka*, les ancêtres des *haïkus.* René Sieffert, le traducteur en français du célèbre *Genji monogatari*, œuvre du XIᵉ siècle de la poétesse Murasaki Shikibu, a choisi de traduire cette œuvre sous le titre de *Dit du Genji* (1988). Il justifie son choix en introduction en ces termes : « j'ai donc décidé d'avoir recours à une appellation qui évoquât l'aspect oral », et dans la mesure où le japonais a un mot qu'on traduit par roman : *shosetsu*, il lui a semblé avec raison qu'il fallait traduire *monogatari* par un terme différent. Son choix de *dit* est pertinent pour rendre compte d'un genre qui joue sur les catégories esthétiques du narratif et du lyrique.

Le Moyen Âge français a eu lui aussi un genre qui jouait sur les catégories esthétiques du narratif et du lyrique. Apparu au XIIIᵉ siècle, à partir du mot *dit* au sens de parole, puis de composition poétique écrite, il disparaît en tant que genre productif à la fin du XVᵉ siècle, laissant aux termes *dit* ou *ditié* leur valeur bien vivace de composition poétique. Le roman en prose a emporté le *dit.*

Jacqueline CERQUIGLINI-TOULET
Professeure émérite
à Sorbonne Université

---

14 Voir par exemple le *Detto del gatto lupesco* (le Dit du chat-loup), qu'on peut lire avec une traduction française dans l'article de Rosanna Brusegan « L'intertexte français du *Dit du chat-loup, Detto del gatto lupesco* » (2006).

RÉFÉRENCES BIBLIOGRAPHIQUES

Abiker Séverine, 2008, *L'Écho paradoxal. Étude stylistique de la répétition dans les récits brefs en vers (XIIᵉ-XIVᵉ siècles)*, thèse de doctorat, Université de Poitiers.

Adgar, 1982, *Gracial*, éd. Pierre Kunstmann, Ottawa, Éditions de l'Université d'Ottawa.

Alain Chartier, 1974, *The Poetical Works of Alain Chartier*, éd. James C. Laidlaw, Cambridge, Cambridge University Press.

Antitus, 1992, *Poésies*, éd. Manuela Python, Genève, Droz, coll. « Textes littéraires français ».

Arseneau Isabelle, 2010, « La condition du pastiche dans le roman lyrico-narratif de Jean Renart (*Le Roman de la Rose* ou de *Guillaume de Dole*) », *Études françaises*, vol. 46, nᵒ 3, p. 99-122.

Arseneau Isabelle, 2012, *Parodie et merveilleux dans le roman dit* réaliste *au XIIIᵉ siècle*, Paris, Classiques Garnier, coll. « Recherches littéraires médiévales ».

Attwood Catherine, 2007, *Fortune la contrefaite. L'envers de l'écriture médiévale*, Paris, Champion, coll. « Études christiniennes ».

Avril François, 1982, « Les manuscrits enluminés de Guillaume de Machaut. Essai de chronologie », *Guillaume de Machaut. Colloque-table ronde organisé par l'Université de Reims, Reims, 19-22 avril 1978*, dir. Jacques Chailley, Paul Imbs et Daniel Poirion, Paris, Klincksieck, p. 117-133.

Azzam Wagih, 2005, « Un recueil dans le recueil. Rutebeuf dans le manuscrit Paris, BnF, fr. 837 », *Mouvances et jointures. Du manuscrit au texte médiéval*, dir. Milena Mikhaïlova, Orléans, Paradigme, coll. « Medievalia », p. 193-201.

Azzam Wagih, Olivier Collet et Yasmina Foehr-Janssens, 2005, « Les manuscrits littéraires français : pour une sémiotique du recueil médiéval », *Revue belge de philologie et d'histoire*, vol. 83, nᵒ 3, p. 639-669.

Azzam Wagih, Olivier Collet et Yasmina Foehr-Janssens, 2010, « Mise en recueil et fonctionnalités de l'écrit », *Le Recueil au Moyen Âge. Le Moyen Âge central*, dir. Olivier Collet et Yasmina Foehr-Janssens, Turnhout, Brepols, coll. « Texte, codex & contexte », p. 11-34.

Badel Pierre-Yves, 1984 [1969], *Introduction à la vie littéraire du Moyen Âge*, Paris, Bordas, coll. « Études ».

Badel Pierre-Yves, 1998, « Monique Léonard. – *Le dit et sa technique littéraire des origines* à 1340. Paris, Champion, 1996 (Nouv. bibl. m. â., 38) [compte-rendu] », *Cahiers de civilisation médiévale*, vol. 41, supplément annuel, p. 56-57.

Baroni Raphaël, 2007, *La Tension narrative. Suspense, curiosité et surprise*, Paris, Le Seuil, coll. « Poétique ».

Baudouin de Condé, 1999, *Il Mantello d'onore*, éd. Willy Van Hoecke, trad. Saverio Panunzio, Milano/Trento, Luni, coll. « Biblioteca medievale ».

Baudouin et Jean de Condé, 1866-1867, *Dits et contes de Baudouin de Condé et de son fils Jean, d'après les manuscrits de Bruxelles, Turin, Rome, Paris et Vienne et accompagnés de variantes et de notes explicatives*, éd. Auguste Scheler, Bruxelles, Devaux, 3 vol.

Baumgartner Emmanuèle, 1996 [1988], *Histoire de la littérature française. 1. Moyen Âge : 1050-1486*, Paris, Bordas, coll. « Histoire de la littérature française ».

Beaussart François-Jérôme, 2000, « Héroïsme ou sainteté. Les versions religieuses et profanes de l'histoire de Florence de Rome », *PRIS-MA*, vol. 16/1, n° 31, p. 3-30.

Beer Lewis, 2014, « Desire in a Good Mood : the Ambivalence of Hope in the *Remede de Fortune* », *Nottingham Medieval Studies*, vol. 58, p. 155-183.

Benedeit, 2006, *Le Voyage de saint Brendan*, éd. bilingue Ian Short et Brian S. Merrilees, Paris, Champion, coll. « Champion classiques ».

Benveniste Émile, 1966, *Problèmes de linguistique générale*, I, Paris, Gallimard, coll. « Tel ».

Berlioz Jacques, 1980, « Le récit efficace : l'*exemplum* au service de la prédication (XIIIe-XVe siècles) », *Rhétorique et histoire. L'exemplum et le modèle de comportement dans le discours antique et médiéval*, dir. Jacques Berlioz et Jean-Michel David, *Mélanges de l'École française de Rome. Moyen âge-Temps modernes*, vol. 92, n° 1, p. 113-146.

Berlioz Jacques et Marie-Anne Polo de Beaulieu, 2009, « "Car qui a le vilain, a la proie." Les proverbes dans les recueils d'*exempla* (XIIIe-XIVe siècle) », *Die Tradition der Sprichwörter und Exempla im Mittelalter, Freiburger Colloquium 2007*, dir. Hugo Bizzarri et Martin Rohde, Berlin, De Gruyter, coll. « Scrinium Friburgense », p. 27-65.

Bermejo Esperanza, 1984, « Pour un catalogue des *dits* français au XIIIe siècle », *Queste. Estudios de lengua y literatura francesas*, n° 1, p. 53-77.

Béroul, 1980, *Tristan, Les Tristan en vers : Tristan de Béroul, Tristan de Thomas, Folie Tristan de Berne, Folie Tristan d'Oxford, Chèvrefeuille de Marie de France*, éd. et trad. Jean-Charles Payen, Paris, Classiques Garnier, p. 3-141.

Boèce, 2008, *La Consolation de philosophie*, éd. Claudio Moreschini, trad. Éric Vanpeteghem, introduction Jean-Yves Tilliette, Paris, Librairie générale française, coll. « Lettres gothiques ».

Breul Karl, 1895, « Le Dit de Robert le Diable », *Abhandlungen Herrn Prof. Dr. Adolf Tobler zur Feier seiner fünfundzwanzigjährigen Tätigkeit als ordentlicher Professor an der Universität Berlin von dankbaren Schülern in Ehrerbietung dargebracht*, Halle, Niemeyer, p. 464-509.

Brownlee Kevin, 1984, *Poetic Identity in Guillaume de Machaut*, Madison, University of Wisconsin Press.

Brusegan Rosanna, 2006, « L'intertexte français du *Dit du chat-loup, Detto del gatto lupesco* », *Remembrances et Resveries, Mélanges Jean Batany*, dir. Huguette Legros, Denis Hüe, Joël Grisward et Didier Lechat, Orléans, Paradigme, coll. « Medievalia », p. 233-261.

Buridant Claude, 1984, « Les proverbes et la prédication au Moyen Âge. De l'utilisation des proverbes vulgaires dans les sermons », *La Richesse du proverbe. 1. Le proverbe au Moyen Âge*, dir. François Suard et Claude Buridant, Lille, Université de Lille III, coll. « Bien dire et bien aprandre », p. 23-54.

Burrows Daron, 2007, « Les dits satiriques *Des clers* et *Des vilains* : de nouveaux aperçus sur leur transmission et édition », *Romania*, vol. 125, n° 497-498, p. 118-131.

Busby Keith, 2002, *Codex and Context. Reading Old French Verse Narrative in Manuscript*, Amsterdam/New York, Rodopi, coll. « Faux titre », 2 vol.

Buschinger Danielle, dir., 1980, *Le Récit bref au Moyen Âge : actes du colloque des 27, 28 et 29 avril 1979*, Amiens, Université de Picardie-Centre d'études médiévales.

Calay Brigitte L., 2009, « *Crestïen qui dire siaut* in Guillaume d'Angleterre », *'Lor est ce jour grant joie nee'. Essais de langue et de littérature françaises du Moyen Âge*, dir. Michèle Goyens et Werner Verbecke, Leuven, Leuven University Press.

Cerquiglini-Toulet Jacqueline, 1980, « Le clerc et l'écriture : le *Voir dit* de Guillaume de Machaut et la définition du *Dit* », *Literatur in der Gesellschaft des Spätmittelalters,* dir. Hans Ulrich Gumbrecht, *Begleitreihe zum GRMLA*, vol. 1, Heidelberg, Carl Winter, p. 151-168.

Cerquiglini-Toulet Jacqueline, 1982, « Éthique de la totalisation et esthétique de la rupture dans le *Voir Dit* de Guillaume de Machaut », *Guillaume de Machaut. Poète et compositeur (colloque-table ronde)*, dir. Université de Reims, Paris, Klincksieck, coll. « Actes et colloques », p. 253-262.

Cerquiglini-Toulet Jacqueline, 1985, « *Un engin si soutil* ». *Guillaume de Machaut et l'écriture au XIVe siècle. Le Livre du Voir-Dit*, Paris, Champion, coll. « Bibliothèque du XVe siècle ».

Cerquiglini-Toulet Jacqueline, 1986, « Écrire le temps. Le lyrisme de la durée aux XIVe et XVe siècles », *Le Temps et la durée dans la littérature du Moyen Âge et de la Renaissance*, dir. Yvonne Bellanger, Paris, Nizet, p. 103-114.

Cerquiglini-Toulet Jacqueline, 1988, « Le Dit », *Grundriss der romanischen Literaturen des Mittelalters*, vol. VIII, nᵒ 1, *La littérature française au XIVᵉ et XVᵉ siècle*, dir. Daniel Poirion, Heidelberg, Carl Winter, p. 86-94.

Cerquiglini-Toulet Jacqueline, 1993, *La Couleur de la mélancolie. La fréquentation des livres au XIVᵉ siècle, 1300-1415*, Paris, Hatier, coll. « Brèves littérature ».

Cerquiglini-Toulet Jacqueline, 2002, « Lyrisme de désir et lyrisme d'espérance dans la poésie de Guillaume de Machaut », *Guillaume de Machaut : 1300-2000. Actes du colloque de la Sorbonne, 28-29 septembre 2000*, dir. Jacqueline Cerquiglini-Toulet et Nigel Wilkins, Paris, Presses de l'Université Paris-Sorbonne, p. 41-53.

Cerquiglini-Toulet Jacqueline, 2008, « L'Amour de Sophie. Poésie et savoir du *Roman de la Rose* à Christine de Pizan », *Poetry, Knowledge and Community in Late Medieval France*, dir. Rebecca Dixon et Finn E. Sinclair, Cambridge, D. S. Brewer, coll. « Gallica », p. 1-15.

Cerquiglini-Toulet Jacqueline, 2011, « L'amour au secret. L'invention lyrique en 1300. Le cas de *La Panthère d'Amour* », *La Moisson des lettres. L'invention littéraire autour de 1300*, dir. Hélène Bellon-Méguelle, Olivier Collet, Yasmina Foehr-Janssens et Ludivine Jaquiéry, Turnhout, Brepols, coll. « Texte, codex & contexte », p. 325-332.

Chardonnens Noémie et Barbara Wahlen, 2012, « Heurs et malheurs d'un brouillon. Des contes desrimez de Baudouin Butor à *Perceforest* », *Lieux de mémoire antiques et médiévaux. Texte, image, histoire : la question des sources*, dir. Bernard Andenmatten, Panayota Badinou, Michel E. Fuchs et Jean-Claude Mühlethaler, Lausanne, BSN Press, p. 257-291.

Charpentier Hélène et Valérie Fasseur, dir., 2010, *Les Genres au Moyen Âge. La question de l'hétérogénéité, Méthode !*, nᵒ 17.

Lo Chastie-musart (Cod. Vat. Reg. Lat. 1323), 1970, éd. Anna Pensa Michelini Tocci, Roma, Ateneo, coll. « Officina romanica. Sezione di studi e testi antico-francesi ».

Cholette Gabriel, 2016, *Le Diable est dans les détails. Analyse comparée du Roman et du Dit de Robert le Diable et de leurs manuscrits*, mémoire de maîtrise sous la direction d'Isabelle Arseneau, Université McGill.

Chrétien de Troyes, 1992, *Le Chevalier de la Charrette*, éd. et trad. Charles Méla, Paris, Librairie générale française, coll. « Lettres gothiques ».

Chrétien de Troyes, 1994, *Érec*, éd. Jean-Marie Fritz, *Romans*, dir. Michel Zink, Paris, Librairie générale française.

Chrétien de Troyes (?), 2007, *Guillaume d'Angleterre*, éd. bilingue Christine Ferlampin-Acher, Paris, Champion, coll. « Champion classiques ».

Christine de Pizan, 2000, *Le Chemin de Longue Étude*, éd. et trad. Andrea Tarnowski, Paris, Librairie générale française, coll. « Lettres gothiques ».

Christine de Pizan, 2014, *Le Livre des epistres du debat sus le* Rommant de la Rose, éd. Andrea Valentini, Paris, Classiques Garnier.

Christine de Pizan, 1886-1896, *Œuvres poétiques de Christine de Pisan*, éd. Maurice Roy, Paris, Firmin Didot, 3 vol.

Chroniques anglo-normandes. Recueil d'extraits et d'écrits relatifs à l'histoire de Normandie et d'Angleterre pendant les XIe et XIIe siècles, 1836-1840, éd. Francisque Michel, Rouen, Frère, 3. vol.

Ci nous dit. Recueil d'exemples moraux, 1979-1986, éd. Gérard Blangez, Paris, Société des anciens textes français, 2 vol.

Corbellari Alain, 2005, *La Voix des clercs. Littérature et savoir universitaire autour des dits du XIIIe siècle,* Genève, Droz, coll. « Publications romanes et françaises ».

Corbellari Alain, 2006, « "Il n'y a pas de sot métier" : quoique… Petite promenade à travers les dits "professionnels" de la littérature française du Moyen Âge », *Grant Risee ? The Medieval Comic Presence. La présence comique médiévale. Essays in Honor of Brian J. Levy,* dir. Adrian P. Tudor et Alan Hindley, Turnhout, Brepols, coll. « Medieval Texts and Cultures of Northern Europe », p. 115-129.

Corbellari Alain, 2014, « D'un recueil "complet" à l'autre. Les répertoires de fabliaux de Montaiglon-Raynaud au *NRCF* », *L'Étude des fabliaux après le Nouveau recueil complet des fabliaux,* dir. Olivier Collet, Fanny Maillet et Richard Trachsler, Paris, Classiques Garnier, coll. « Rencontres. Civilisation médiévale », p. 15-37.

Le Couronnement de Renard, poème du treizième siècle, 1965 [1929], éd. Alfred Foulet, New York, Kraus Reprint.

Cropp Glynnis M., 2012, « Boethius in Medieval France : Translations of the *De Consolatione Philosophiae* and Literary Influence », *A companion to Boethius in the Middle Ages,* dir. Noel Harold Kaylor et Philip Edward Phillips, Leiden, Brill, p. 319-355.

Croizy-Naquet Catherine, Laurence Harf-Lancner et Michelle Szkilnik, dir., 2011, *Faire court : l'esthétique de la brièveté dans la littérature du Moyen Âge,* Paris, Presses de la Sorbonne nouvelle.

Damian-Grint Peter, 1997, « *Estoire* as Word and Genre : Meaning and Literary Usage in the Twelfth Century », *Medium Ævum,* vol. 66, n° 2, p. 189-206.

Darbord Bernard et César García de Lucas, dir., 2001, *Typologie des formes narratives brèves au Moyen Âge (domaine roman) II,* Nanterre, Centre de recherches ibériques et ibéro-américaines de l'Université Paris X-Nanterre.

Darbord Bernard, dir., 2010, *Typologie des formes narratives brèves au Moyen Âge,* Nanterre, Presses Universitaires de Paris Ouest, coll. « Aires linguistiques ».

Dauphant Clotilde, 2015, *La Poétique des œuvres complètes d'Eustache Deschamps (ms. BnF fr. 840). Composition et variation formelle*, Paris, Champion, coll. « Nouvelle bibliothèque du Moyen âge ».

Dehaisnes (Chanoine), 1886, *Documents et extraits divers concernant l'histoire de l'art dans la Flandre, l'Artois et le Hainaut avant le XVᵉ siècle*, Lille, Danel.

Delage-Béland Isabelle, 2017, *Ni fable ni estoire. Les fictions mitoyennes et la troisième voie du fabliau*, thèse de doctorat, Université de Montréal.

Delsaux Olivier et Tania VAN Hemelryck, 2014, *Les Manuscrits autographes en français au Moyen Âge. Guide de recherches*, Turnhout, Brepols, coll. « Texte, codex & contexte ».

De deus bordeors ribauz, Le Jongleur par lui-même. Choix de dits et de fabliaux, 2003, éd. et trad. Willem Noomen, Louvain, Peeters, coll. « Ktemata », p. 28-41.

La Deuxième Collection anglo-normande des miracles de la sainte Vierge et son original latin. Avec les miracles correspondants des mss. fr. 375 et 818 de la Bibliothèque nationale, 1977 [1922], éd. Hilding Kjellman, Genève, Slatkine.

Li Dis dou vrai aniel. Die Parabel von dem ächten Ringe, französische Dichtung des dreizehnten Jahrhunderts, aus einer Pariser Handschrift zum ersten Male heraus-gegeben, 1912, éd. Adolf Tobler, Leipzig, Hirzel.

Dit de Guillaume d'Engleterre, 1990, éd. Silvia Buzzetti-Gallarati, Alessandria, Edizioni dell'Orso.

Dit de la queue de Renart, 1998, éd. Sylvie Lefèvre, *Le Roman de Renart*, dir. Armand Strubel, Paris, Gallimard, coll. « Bibliothèque de la Pléiade », p. 905-911.

Doutrepont Georges, 1906, *Inventaire de la « librairie » de Philippe le Bon. 1420*, Bruxelles, Kiessling, coll. « Commission royale d'histoire ».

Earp Lawrence, 1995, *Guillaume de Machaut. A Guide to Research*, New York, Garland Publishing.

Elliott Elizabeth, 2012, *Remembering Boethius : Writing Aristocratic Identity in Late Medieval French and English Literatures*, Farnham, Ashgate.

Enders Jody, 1992, « Music, Delivery, and the Rhetoric of Memory in Guillaume de Machaut's *Remède de Fortune* », *PMLA*, vol. 107, nº 3, p. 450-464.

L'Escoufle. Roman d'aventure, 1974, éd. Franklin Sweetser, Genève, Droz, coll. « Textes littéraires français ».

Eustache Deschamps, 1891, *Œuvres complètes de Eustache Deschamps*, vol. VII, éd. Gaston Raynaud, Paris, Firmin Didot, coll. « Société des anciens textes français ».

Florence de Rome. Chanson d'aventure du premier quart du XIIIᵉ siècle, 1907-1909, éd. Axel Wallensköld, Paris, Firmin Didot, coll. « Société des anciens textes français », 2 vol.

Foehr-Janssens Yasmina, 2005, « "Le seigneurs et le prince de tous les contes". Le *Dit du Barisel* et sa position initiale dans le manuscrit BnF f. fr. 837 »,

Mouvances et jointures. Du manuscrit au texte médiéval, dir. Milena Mikhaïlova, Orléans, Paradigme, coll. « Medievalia », p. 153-171.

Foehr-Janssens Yasmina, 2010, *La Jeune fille et l'amour : pour une poétique de l'évasion courtoise*, Genève, Droz, coll. « Publications romanes et françaises ».

Foehr-Janssens Yasmina, 2011, « La Noblesse des lettres autour de 1300 (Baudouin de Condé et Dante) », *La Moisson des Lettres. L'invention littéraire autour de 1300*, dir. Hélène Bellon-Méguelle, Olivier Collet, Yasmina Foehr-Janssens et Ludivine Jaquiéry, Turnhout, Brepols, coll. « Texte, codex & contexte », p. 213-232.

Fowler Alastair, 1982, *Kinds of Literature : An Introduction to the Theory of Genres and Modes*, Oxford, Oxford University Press.

Franke Birgit, 1997, « Gesellschaftsspiele mit Automaten – *"Merveilles"* in Hesdin », *Marburger Jahrbuch für Künstwissenschaft*, vol. 24, p. 135-158.

Gallais Pierre, 1988, *L'Imaginaire d'un romancier français de la fin du XIIe siècle. Description raisonnée, comparée et commentée de la* Continuation-Gauvain *(première suite du* Conte du Graal *de Chrétien de Troyes)*, Amsterdam, Rodopi.

Gaspar Camille et Frédéric Lyna, 1937-1945, *Les principaux manuscrits à peintures de la Bibliothèque royale de Belgique*, Paris, Société française de reproductions de manuscrits à peintures, 2 vol.

Gaucher Elisabeth, 2003, *Robert le Diable. Histoire d'une légende*, Paris, Champion, coll. « Essais sur le Moyen Âge ».

Gautier de Coinci, 1970, *Miracles de Notre-Dame*, éd. V. Frederic Koenig, Genève, Droz, coll. « Textes littéraires français », 1955-1970, 4 vol., t. 4.

Genette Gérard, 1966, « Frontières du récit », *Communications*, n° 8, p. 152-163.

Genette Gérard, 1972, *Figures III*, Paris, Le Seuil, coll. « Poétique ».

Geoffrey Chaucer, 1961, *The Works of Geoffrey Chaucer*, éd. Fred Norris Robinson, 2e édition, Boston, Houghton Mifflin Company.

Gervais du Bus, 1914-1919, *Le Roman de Fauvel par Gervais du Bus publié d'après tous les manuscrits connus*, éd. Arthur Långfors, Paris, Firmin Didot, coll. « Société des anciens textes français ».

Gingras Francis, 2011a, *Le Bâtard conquérant. Essor et expansion du genre romanesque au Moyen Âge*, Paris, Champion, coll. « Nouvelle bibliothèque du Moyen Âge ».

Gingras Francis, 2011b, « Pour faire court : conscience générique et formes brèves au Moyen Âge », *Faire court. L'esthétique de la brièveté dans la littérature du Moyen Âge*, dir. Catherine Croizy-Naquet, Laurence Harf-Lancner et Michelle Szkilnik, Paris, Presses de la Sorbonne nouvelle, p. 155-179.

Grundriss der romanischen Literaturen des Mittelalers, vol. VI, n° 1 et 2, *La Littérature didactique, allégorique et satirique*, 1968 et 1970, dir. Hans Robert Jauss, Heidelberg, Carl Winter.

Guillaume de Machaut, 1943, *Le Dit de la Harpe*, éd. Karl Young, dans *Essays in Honor of Albert Feuillerat*, New Haven, Yale University Press, p. 1-20.

Guillaume de Machaut, 1993, *La Fontaine amoureuse*, éd. et trad. Jacqueline Cerquiglini-Toulet, Paris, Stock.

Guillaume de Machaut, 1999, *Le Livre du Voir Dit*, éd. et trad. Paul Imbs, introduction, coordination et révision Jacqueline Cerquiglini-Toulet, Paris, Librairie générale française, coll. « Lettres gothiques ».

Guillaume de Machaut, 1849, *Les Œuvres de Guillaume de Machault*, éd. Prosper Tarbé, Reims, Regnier.

Guillaume de Machaut, 1908, 1911, 1921, *Œuvres de Guillaume de Machaut*, éd. Ernest Hoepffner, Paris, Firmin-Didot, coll. « Société des anciens textes français », 3 vol.

Guillaume de Machaut, 2013 [1909], *Poésies lyriques*, éd. Vladimir Chichmaref, Genève, Slatkine Reprints.

Guillaumin Jean-Baptiste, 2011, « Des Camènes élégiaques à la Muse de Platon : la *musica* dans la Consolation de Philosophie », communication à l'Université de Clermont-Ferrand dans le cadre de l'association Guillaume Budé (consultable en ligne sur le site http://www.normalesup.org/~jguillau/publications.html).

Hasenohr Geneviève, 1999, « Les recueils littéraires français du XIIIᵉ siècle : public et finalité », *Archives et Bibliothèques de Belgique*, n° spécial 60, p. 37-50.

Heck Christian, 2011, *Le Ci nous dit. L'image médiévale et la culture des laïcs au XIVᵉ siècle. Les enluminures du manuscrit Condé de Chantilly*, Turnhout, Brepols.

Hélinand de Froidmont, 1905, *Les Vers de la mort par Hélinant, moine de Froidmont*, éd. Fredrik Wulff et Emmanuel Walberg, Paris, Firmin Didot.

Henri Baude, 1988, *Dictz moraux pour faire tapisserie*, Dessins du Musée Condé et de la Bibliothèque nationale, catalogue de Jean-Loup Lemaître, Ussel, Musée du pays d'Ussel, diffusion De Boccard.

Henri d'Andeli, 2003, *Les Dits d'Henri d'Andeli*, éd. Alain Corbellari, Paris, Champion, coll. « Classiques français du Moyen Âge ».

Hicks Éric, 1977, *Le Débat sur* Le Roman de la Rose, trad. Virginie Greene, Paris, Champion, coll. « Classiques français du Moyen Âge. Traductions ».

Heller-Roazen Daniel, 2003, *Fortune's Faces : The* Roman de la Rose *and the Poetics of Contingency*, Baltimore/London, Johns Hopkins University Press.

L'Histoire de Fauvain, *reproduction phototypique de 40 dessins du manuscrit français 571 de la Bibliothèque nationale et édition du texte des légendes de Raoul Le Petit, par Arthur Långfors*, 1914, Paris, Librairie Paul Geuthner.

Huon de Méry, 1995, *Le Tournoi de l'Antéchrist (Li Tornoiemenz Antecrist)*, éd. Georg Wimmer et trad. Stéphanie Orgeur, 2ᵉ édition, Orléans, Paradigme.

Huon Le Roi, 2010, *Le Vair Palefroi*, éd. bilingue de Jean Dufournet, Paris, Champion, coll. « Champion classiques ».

Huot Sylvia, 1987, *From Song to Book. The Poetics of Writing in Old French Lyric and Lyrical Narrative Poetry*, Ithaca/London, Cornell University Press.

Huot Sylvia, 2002, « The Consolation of Poetry », *Modern Philology*, vol. 100, n° 2, p. 169-195.

Jacques de Baisieux, 1973, *L'Œuvre de Jacques de Baisieux*, éd. Patrick A. Thomas, The Hague/Paris, Mouton.

Jacques de Vitry, 1985, *Sermons pour la multitude ou selon la condition des personnes (Sermones vulgares vel ad status)*, trad. Marie-Claire Gasnault, *Prêcher d'exemples. Récits de prédicateurs du Moyen Âge*, présentation Jean-Claude Schmitt, Paris, Stock, coll. « Moyen Âge », p. 45-53.

James-Raoul Danièle, dir., 2011, *Les Genres littéraires en question au Moyen Âge*, Pessac, Presses Universitaires de Bordeaux, coll. « Eidôlon ».

Jauss Hans Robert, 1964, « La transformation de la forme allégorique entre 1180 et 1240 : d'Alain de Lille à Guillaume de Lorris », *L'Humanisme médiéval dans les littératures romanes du XIIe au XIVe siècle*, dir. Anthime Fourrier, Paris, Klincksieck, p. 107-146.

Jauss Hans Robert, 1970, « Littérature médiévale et théorie des genres », *Poétique*, n° 1, p. 79-101.

Jean Acart de Hesdin, 1910, *La Prise amoureuse. Allegorische Dichtung aus dem XIV Jahrhundert*, éd. Ernst Hoepffner, Dresden, Gesellschaft für romanische Literatur.

Jean Bodel, 1989, *La Chanson des Saisnes*, éd. Annette Brasseur, Genève, Droz, coll. « Textes littéraires français », 2 vol.

Jean de Condé, 1970, *La Messe des oiseaux et le Dit des jacobins et des fremeneurs*, éd. Jacques Ribard, Genève/Paris, Droz/Minard, coll. « Textes littéraires français ».

Jean de Condé, 1990, *Opera*, éd. Simonetta Mazzoni Peruzzi, Firenze, Leo S. Olschki editore, 2 vol., vol. 1, *I manoscritti d'Italia*.

Jean Froissart, 1975, *Le Joli buisson de Jonece*, éd. Anthime Fourrier, Genève, Droz, coll. « Textes littéraires français ».

Jean Froissart, 1979, « *Dits* » *et* « *Débats* » *avec en appendice quelques poèmes de Guillaume de Machaut*, éd. Anthime Fourrier, Genève, Droz, coll. « Textes littéraires français ».

Jean Froissart, 1986, *Le Paradis d'Amour ; L'Orloge amoureus*, éd. Peter F. Dembowski, Genève, Droz, coll. « Textes littéraires français ».

Jean le Marchant, 1973, *Miracles de Notre-Dame de Chartres*, éd. Pierre Kunstmann, Chartres/Ottawa, Société archéologique d'Eure-et-Loir / Éditions de l'Université d'Ottawa, coll. « Publications médiévales de l'Université d'Ottawa ».

Jean Maillart, 1998, *Le Roman du comte d'Anjou*, trad. Francine Mora, Paris, Gallimard, coll. « Folio classique ».

Jean Molinet, 1936-1939, *Les Faictz et dictz de Jean Molinet*, éd. Noël Dupire, Paris, Société des anciens textes français, 3 vol.

Jeay Madeleine, 2006, *Le Commerce des mots. L'usage des listes dans la littérature médiévale (XIIᵉ-XVᵉ siècles)*, Genève, Droz, coll. « Publications romanes et françaises ».

Jehan de Saint-Quentin, 1978, *Dits en quatrains d'alexandrins monorimes de Jehan de Saint-Quentin*, éd. Birger Munk Olsen, Paris, Société des anciens textes français.

Jehan Maillart, 1931, *Le Roman du Comte d'Anjou*, éd. Mario Roques, Paris, Champion, coll. « Classiques français du Moyen Âge ».

Jehan Malkaraume, 1978, *La Bible de Jehan Malkaraume*, éd. Jean R. Smeets, Assen, Van Gorcum, 2 vol.

Kay Sarah, 2008, « Touching Singularity : Consolation, Philosophy, and Poetry in the French *Dit* », *The Erotics of Consolation : Desire and Distance in the Late Middle Ages*, dir. Catherine E. Léglu et Stephen J. Milner, New York, Palgrave Macmillan, p. 21-38.

Lais Bretons (XIIᵉ-XIIIᵉ siècles) : Marie de France et ses contemporains, 2018, éd. bilingue Nathalie Koble et Mireille Séguy, Paris, Champion, coll. « Champion classiques ».

Le Gentil Pierre, 1963, *La Littérature française du Moyen Âge*, Paris, Colin.

Leach Elizabeth Eva, 2011, *Guillaume de Machaut : Secretary, Poet, Musician*, Ithaca/London, Cornell University Press.

Lecco Margherita, 2009, *Due dits del XIV secolo : Dit de la queue de Renart, Dit de Fauvain*, Alessandria, Edizioni dell'Orso.

Léonard Monique, 1983, « *Le Dit de la brebis dérobée* », *Romania*, vol. 104, nº 414, p. 236-257.

Léonard Monique, 1990, « Le *Dit de la Femme* », *Écrire pour dire. Études sur le Dit médiéval*, dir. Bernard Ribémont, Paris, Klincksieck, coll. « Sapience », p. 29-47.

Léonard Monique, 1995, « L'actualité dans les *dits* », *Zeitgeschehen und seine Darstellung im Mittelalter / L'actualité et sa représentation au Moyen Âge*, dir. Christoph Cormeau, Bonn, Bouvier, coll. « Studium universale », p. 100-117.

Léonard Monique, 1996, *Le 'Dit' et sa technique littéraire des origines à 1340*, Paris, Champion, coll. « Nouvelle bibliothèque du Moyen Âge ».

Léonard Monique, 2006, « L'hybridation générique dans le domaine du dit narratif : le cas du *Lai de l'Oiselet* », *Fiction narrative et hybridation générique dans la littérature française*, dir. Hélène Baby, Paris, Harmattan, coll. « Critiques littéraires », p. 35-48.

Marie de France, 1998, *Fables*, éd. Charles Brucker, Louvain, Peeters.

Martin Le Franc, 1999, *Le Champion des dames*, éd. Robert Deschaux, Paris, Champion, coll. « Classiques français du Moyen Âge », 5 vol.

Meyer Paul, 1912, « *Le dit du hardi cheval* », *Romania*, vol. 41, n° 161, p. 90-94.

Mora Francine, 2011, « Du *Châtelain de Couci* au *Roman du Comte d'Anjou* », *La Moisson des lettres. L'invention littéraire autour de 1300*, dir. Hélène Bellon-Méguelle, Olivier Collet, Yasmina Foehr-Janssens et Ludivine Jaquiéry, Turnhout, Brepols, coll. « Texte, codex & contexte », p. 267-277.

Moran Patrick, 2014, *Lectures cycliques : le réseau inter-romanesque dans les cycles du Graal du XIIIᵉ siècle*, Paris, Champion, coll. « Nouvelle bibliothèque du Moyen Âge ».

Moran Patrick, 2017, « Text-Types and Formal Features », *Handbook of Arthurian Romance*, dir. Leah Tether et Johnny McFadyen, Berlin, De Gruyter, p. 59-77.

Moran Patrick, 2018, « Genres médiévaux et genres médiévistes : l'exemple des termes "chanson de geste" et "épopée" », *Romania*, vol. 136, n° 541-542, p. 38-60.

Moran Patrick, 2019, « Comment s'appelle la *Chanson de Roland* ? Du titre au genre », *De la pensée de l'histoire au jeu littéraire. Études médiévales en l'honneur de Dominique Boutet*, dir. Sébastien Douchet, Marie-Pascale Halary, Sylvie Lefèvre, Patrick Moran et Jean-René Valette, Paris, Champion, coll. « Nouvelle bibliothèque du Moyen Âge », p. 249-260.

Mühlethaler Jean-Claude, 1994, *Fauvel au pouvoir : Lire la satire médiévale*, Paris, Champion, coll. « Nouvelle bibliothèque du Moyen Âge ».

Murasaki Shikibu, 1988, *Le Dit du Genji*, trad. René Sieffert, Paris, Publications orientalistes de France, 2 vol.

Nicole de Margival, 2000, *Le Dit de la panthère*, éd. Bernard Ribémont, Paris, Champion, coll. « Classiques français du Moyen Âge ».

Noomen Willem, 2003, *Le Jongleur par lui-même. Choix de dits et de fabliaux*, Louvain, Peeters, coll. « Ktemata ».

Nouveau recueil complet des fabliaux, 1983-1998, éd. Willem Noomen, Nico van den Boogaard *et al.*, Assen, Van Gorcum, 10 vol.

Nykrog Per, 1957, *Les Fabliaux. Étude d'histoire littéraire et de stylistique médiévale*, København, E. Munksgaard.

Oton de Grandson, 2010, *Poésies*, éd. Joan Grenier-Winther, Paris, Champion, coll. « Classiques français du Moyen Âge ».

Ovide, 1992, *Les Fastes*, t. 1, trad. Robert Schilling, Paris, Les Belles Lettres, « Collection des universités de France. Série latine ».

Ovide moralisé, Livre I, 2018, éd. Craig Baker, Marianne Besseyre, Mattia Cavagna *et al.*, Paris, Société des anciens textes français, 2 vol.

Pastoureau Michel, 2007, *L'Ours : Histoire d'un roi déchu*, Paris, Le Seuil, coll. « Librairie du XXIᵉ siècle ».

Payen Jean-Charles, 1980, « Lai, fabliau, *exemplum*, roman court : pour une typologie du récit bref aux XIIᵉ et XIIIᵉ siècles », *Le Récit bref au Moyen Âge : actes du colloque des 27, 28 et 29 avril 1979*, dir. Danielle Buschinger, Amiens, Université de Picardie-Centre d'études médiévales, p. 7-23.

Payen Jean-Charles, 1972, « Jean de Condé, Alard de Cambrai et les sources du "dit" (à propos d'un livre récent) », *Le Moyen Âge*, vol. 78, n°s 3-4, p. 523-536.

Physiologos. Le bestiaire des bestiaires, 2004, trad. Arnaud Zucker, Grenoble, Éditions Jérôme Millon, coll. « Atopia ».

Poirion Daniel, 1965, *Le Poète et le prince. L'évolution du lyrisme courtois de Guillaume de Machaut à Charles d'Orléans*, Paris, Presses Universitaires de France.

Pope Nancy P., 2021, « Notes on the Possible Scribe-Compiler / Owner of MS Digby 86 », *The Chaucer Review*, vol. 56, n° 1, p. 80-87.

Raoul de Houdenc, 1983, *Le Roman des eles. The Anonymous Ordene de chevalerie*, éd. Keith Busby, Amsterdam/Philadelphia, Benjamins.

Raoul de Houdenc, 1983, *Il Roman des Eles di Raoul de Houdenc*, éd. Matteo Majorano, Bari, Adriatica Éditrice.

Raoul de Houdenc, 1984, *The Songe d'Enfer of Raoul de Houdenc*, éd. Madelyn Timmel Mihm, Tübingen, Niemeyer.

Rauf de Linham, 1983, *Kalender*, éd. Tony Hunt, London, Anglo-Norman Text Society.

Recueil général des isopets, 1930, éd. Julia Bastin, Paris, Société des anciens textes français, 2 vol.

Recueil général et complet des fabliaux des XIIIe et XIVe siècles imprimés ou inédits, 1872-1890, éd. Anatole de Montaiglon et Gaston Raynaud, Paris, Librairie des bibliophiles, 6 vol.

René d'Anjou, 2003, *Le Livre du Cœur d'Amour épris*, éd. Florence Bouchet, Paris, Librairie générale française, coll. « Lettres gothiques ».

Rhétorique a Herennius, 1989, éd. et trad. Guy Achard, Paris, Les Belles Lettres, « Collection des universités de France ».

Ribard Jacques, 1969, *Un Ménestrel du XIVe siècle : Jean de Condé*, Genève, Droz, coll. « Publications romanes et françaises ».

Ribard Jacques, 1989, « Et si les fabliaux n'étaient pas des "contes à rire" ? », *Reinardus*, vol. 2, p. 134-146.

Ribémont Bernard, dir., 1990, *Écrire pour dire. Études sur le Dit médiéval*, Paris, Klincksieck, coll. « Sapience ».

Rieger Dietmar, 1990, « *"Eslongié m'an de quanque j'amoie"*. Chevalier, clerc et vérité historique dans le *Dit dou bleu chevalier* de Jean Froissart », *Écrire pour dire. Études sur le Dit médiéval*, dir. Bernard Ribémont, Paris, Klincksieck, coll. « Sapience », p. 169-192.

Robert le Diable, 2006, éd. bilingue Elisabeth Gaucher, Paris, Champion, coll. « Champion classiques ».

Le Roman de Fauvel, 2012, éd. et trad. Armand Strubel, Paris, Librairie générale française, coll. « Lettres gothiques ».

Rouse Richard et Mary Rouse, 1996, « The 'Sept Sages de Rome' », *Der Codex im Gebrauch*, dir. Christel Meier, Dagmar Hüpper et Hagen Keller, München, Wilhelm Fink, coll. « Münstersche Mittelalter-Schriften », p. 127-141.

Rouse Richard et Mary Rouse, 2010, « French literature and the Counts of Saint Pol ca. 1178-1377 », *Viator*, vol. 41, n° 1, p. 101-140.

Ruelle Pierre, 1965, *Les Congés d'Arras (Jean Bodel, Baude Fastoul, Adam de La Halle)*, Paris, Presses Universitaires de France.

Saint Ambroise, 1984, *Les Devoirs*, éd. Maurice Testard, Paris, Les Belles Lettres, « Collection des universités de France. Série latine ».

Salamon Anne, dir., 2017, *Mettre en livre. Pour une approche de la littérature médiévale*, *Études françaises*, vol. 53, n° 2.

Schaeffer Jean-Marie, 1983, « Du texte au genre : notes sur la problématique générique », *Poétique*, n° 53, p. 3-18.

Schaeffer Jean-Marie, 1989, *Qu'est-ce qu'un genre littéraire ?*, Paris, Le Seuil, coll. « Poétique ».

Schmolke-Hasselmann Beate, 1998, *The Evolution of Arthurian Romance. The Verse Tradition from Chrétien to Froissart*, Cambridge, Cambridge University Press, coll. « Cambridge Studies in Medieval Literature ».

Schneegans F. Édouard, 1932, « Trois poèmes de la fin du XIIIe siècle sur Pierre de la Broce », *Romania*, vol. 58, n° 232, p. 520-550.

Sénèque, 1972 [1926], *Des Bienfaits*, t. 1, éd. et trad. François Préchac, Paris, Les Belles Lettres, « Collection des universités de France. Série latine ».

Solente Suzanne, 1924, « Un traité inédit de Christine de Pisan. *L'Epistre de la prison de vie humaine* », *Bibliothèque de l'École des Chartes*, vol. 85, p. 263-301.

Stout Julien, 2020, *L'Auteur au temps du recueil. Repenser l'autorité et la singularité poétiques dans les premiers manuscrits à collections auctoriales de langue d'oïl (1100-1340)*, thèse de doctorat, Université de Montréal.

Strubel Armand, 1984, « Dit », *Dictionnaire des Littératures de langue française*, éd. Jean-Pierre de Beaumarchais, Daniel Couty et Alain Rey, Paris, Bordas, p. 658-659.

Switten Margaret, 1989, « Guillaume de Machaut : Le *Remède de fortune* au carrefour d'un art nouveau », *Cahiers de l'Association internationale des études françaises*, n° 41, p. 101-116.

Tabard Laëtitia, 2008, « Rituel du quotidien dans les *dits* amoureux », *Les activités quotidiennes au Moyen Âge*, dir. Irène Fabry-Tehranchi et Cécile Le Cornec, *Questes*, n° 15, p. 52-63.

Taylor Jane H. M., 1998, « *Le Roman de Fauvain* : Manuscript, Text, Image », *Fauvel Sudies*, dir. Margaret Bent et Andrew Wathey, Oxford, Clarendon Press, p. 569-589.

Thomas III de Saluces, 2019, *Le Livre du Chevalier errant*, éd. Robert Fajen, Wiesbaden, Reichert Verlag.

Thomas d'Aquin, 1998, *Questions disputées sur la vérité, Question X : L'esprit (De Mente)*, texte latin de l'édition léonine, trad. Kim Sang Ong-Van-Cung, Paris, Vrin, coll. « Bibliothèque des textes philosophiques ».

Thorpe Lewis, 1952, « Raoul de Houdenc : A Possible New Poem », *The Modern Language Review*, vol. 47, n° 4, p. 512-515.

Thorpe Lewis, 1968, « The four rough drafts of Bauduins Butors », *Nottingham Medieval Studies*, vol. 12, p. 3-20.

Toneatto Valentina, 2012, *Les Banquiers du Seigneur. Évêques et moines face à la richesse (IVᵉ-début IXᵉ siècle)*, Rennes, Presses Universitaires de Rennes.

Trachsler Richard, 2000, *Disjointures-Conjointures. Étude sur l'interférence des matières narratives dans la littérature narrative du Moyen Âge*, Bâle/Tübingen, A. Francke.

Van Hemelryck Tania et Stefania Marzano, dir., 2010, *Le Recueil au Moyen Âge. La fin du Moyen Âge*, Turnhout, Brepols, coll. « Texte, codex & contexte ».

Van Hoecke Willy, 1970, *L'Œuvre de Baudouin de Condé et le problème de l'édition critique*, thèse de doctorat, Katholieke Universiteit Leuven, 5 vol.

Virgile, 1970 [1936], *Énéide*, t. 2, éd. René Durand, trad. André Bellessort, Paris, Les Belles Lettres, « Collection des universités de France. Série latine ».

Vivien de Monbranc, 1987, éd. Wolfgang van Emden, Genève, Droz, coll. « Textes littéraires français ».

Watriquet de Couvin, 1868, *Dits de Watriquet de Couvin*, éd. Auguste Scheler, Bruxelles, Victor Devaux.

Woledge Brian, 1973, « *Une branche d'armes* : poème anonyme du XIIIᵉ siècle », *Mélanges de langue et de littérature médiévales offerts à Pierre Le Gentil*, Paris, SEDES, p. 899-908.

Zayaruznaya Anna, 2015, *The Monstruous New Art. Divided Forms in the Late Medieval Motet*, Cambridge, Cambridge University Press.

Zink Michel, 1985, *La Subjectivité littéraire*, Paris, Presses Universitaires de France, coll. « Écriture ».

Zumthor Paul, 1954, *Histoire littéraire de la France médiévale*, Paris, Presses Universitaires de France.

Zumthor Paul, 1972a, *Essai de poétique médiévale*, Paris, Le Seuil, coll. « Poétique ».

Zumthor Paul, 1972b, « Rhétorique et poétique latines et romanes », *Grundriss der romanischen Literaturen des Mittelalters*, vol. I, dir. Maurice Delbouille, Heidelberg, Carl Winter, p. 57-91.

Zumthor Paul, 1987, *La Lettre et la Voix. De la « littérature » médiévale*, Paris, Le Seuil, coll. « Poétique ».

INDEX DES MANUSCRITS

Paris, BnF, fr. 22545 : 142
Paris, BnF, fr. 22548-49-50 : 75
Paris, BnF, fr. 23111 : 29
Paris, BnF, fr. 23112 : 29
Paris, BnF, fr. 24375 : 141
Paris, BnF, fr. 24432 : 71, 94-97, 140
Paris, BnF, fr. 25405 : 28
Paris, BnF, fr. 25566 : 94
Paris, BnF, Moreau 1727 : 31
Paris, BnF, NAF 4531 : 136

Roma, Biblioteca Casanatense, 1598 : 69, 71-72, 94, 141

Torino, Biblioteca nazionale universitaria, 1626 (L.I.13) : 71
Torino, Biblioteca nazionale universitaria, L.V.32 : 31-32, 71, 73

Wien, Österreichische Nationalbibliothek, 2621 : 73

INDEX DES NOMS
ET DES ŒUVRES

Benedeit : 42
   Voyage de saint Brendan (Le) : 42
Benveniste, Émile : 98
Berlioz, Jacques : 49, 100
Bermejo, Esperanza : 8, 108
Béroul : 42
   Tristan : 51
Blangez, Gérard : 38, 42
Boccace : 143
Boèce : 109, 115-116, 118, 122, 126
   Consolation de Philosophie (La) : 109-
   110, 115
Boivin de Provins : 95
Book of the Duchess (The) : voir *Geoffroy
   Chaucer*
Bourgeois Bourgeon : voir *Raoul de Houdenc*
Braies au prêtre (Les) : voir *Jean de Condé*
Buridant, Claude : 49
Burrows, Daron : 18
Busby, Keith : 34, 95
   Codex and Context : 17, 95

Camènes (les) : 110, 115
*Castois dou jouene gentilhomme (Li), Chastoi
   du jeune gentil homme* : voir *Jean de Condé*
Cerquiglini-Toulet, Jacqueline : 9-10,
   12-16, 22, 24, 30, 70, 96, 101, 111-
   112, 122, 127
Ceys : 142
Chanson de Roland (La) : 35
Chanson des Saisnes (La) : voir *Jean Bodel*
Charles V : 39
Chastie Musart : 13
Châtelain de Couci : 14
Chemin de longue étude (Le) : voir *Christine
   de Pizan*
Chevalier au Lion (Le) : voir *Chrétien de Troyes*
Chevalier de la charrette (Le) : voir *Chrétien
   de Troyes*
Cholette, Gabriel : 10, 21, 102
Chrétien de Troyes : 15, 56, 97, 130
   Chevalier au Lion (Le) : 51
   Chevalier de la charrette (Le) : 56
   Erec et Enide : 130

Christine de Pizan : 10-11, 15, 130-131,
   134, 136, 139-140
   Debat de deux amans (Le) : 134, 136
   Dit de la Pastoure (Le) : 136
   Dit de la rose (Le) : 131
   Epistre de la prison de vie humaine (L') :
   136
   *Epistres du debat sur le Rommant de la
   Rose (Les)* : 136
   Livre du Chemin de lonc estude (Le) : 140
Chroniques de Rome (Les) : 140
Ci nous dit : 10, 17, 19, 37-52
Cicéron : 20
   De Officiis : 20
Codex and Context : voir *Keith Busby*
Collection anglo-normande (La) : 105
*Comment nostre dame desfendi la cité de
   Constantinnoble* : voir *Gautier de Coinci*
Complainte du roi de Navarre : voir *Rutebeuf*
Confort d'ami (Le) : voir *Guillaume de
   Machaut*
Confort d'amour (Le) : 81, 109
Congés (Les) : voir Jean Bodel
Consolation de Philosophie (La) : voir *Boèce*
Conte d'amour (Le) : voir *Baudouin de Condé*
Conte d'envie (Le) : voir *Baudouin de Condé*
Conte de Gentillesse (Le) : voir *Baudouin
   de Condé*
Conte des hérauts (Le) : voir *Baudouin de Condé*
Conte du dragon (Le) : voir *Baudouin de Condé*
Conte du garde-corps (Le) : voir *Baudouin
   de Condé*
Conte du pélican (Le) : voir *Baudouin de Condé*
Conte du prudhomme (Le) : voir *Baudouin
   de Condé*
Contes de l'aver (Li) : voir *Baudouin de Condé*
Contes de l'olifant (Li) : voir *Baudouin de
   Condé*
Contes de la rose (Li) : voir *Baudouin de Condé*
Contes dou baceler (Li) : voir *Baudouin de
   Condé*
Contes dou mantiel (Li) : voir *Baudouin de
   Condé*
Contes dou pel (Li) : voir *Baudouin de Condé*

RÉSUMÉS

Isabelle DELAGE-BÉLAND, « Introduction. Le dit, une énigme de la littérature médiévale et ses solutions »

Véritable énigme de la littérature médiévale, tant par son omniprésence dans le paysage littéraire que par son caractère insaisissable, le dit a reçu peu d'attention critique au cours des vingt ou vingt-cinq dernières années. Cette introduction revient sur le sentiment d'échec qui se dégage à la lecture de nombre de travaux sur le dit avant d'explorer des pistes susceptibles d'améliorer notre compréhension de ce genre et, au-delà, d'enjeux fondamentaux pour l'étude de la littérature médiévale.

Patrick MORAN, « Le genre du dit dans le débat sur la généricité médiévale. Que faire des plus anciens textes ? »

L'article examine l'émergence d'une conscience générique du dit en privilégiant des textes précoces, écrits avant que la dénomination générique *dit* ait pleinement émergé chez les auteurs, mais identifiés comme des dits dans au moins un de leurs manuscrits : les *Vers de la mort* d'Hélinand de Froidmont (vers 1195), les *Congés* de Jean Bodel (vers 1202) et trois textes de Raoul de Houdenc (le *Roman des ailes*, le *Songe d'Enfer* et le *Dit*, tous trois vers 1200).

Francis GINGRAS, « Façons de dire. Le cas du *Ci nous dit* »

L'analyse de la formule *Ci nous dit*, qui donne son titre à un recueil de textes didactiques (*ca.* 1313-1330), fait ressortir ses rapports avec l'*exemplum* et sa fonction démonstrative. La dimension orale y reste importante, en lien notamment avec la prédication. Or cette mission édifiante peut aussi passer par la fiction. La définition des modalités du *dire* dans une forme narrative du début du XIVe siècle permet de mieux cerner la définition du genre qui se développe parallèlement sous le nom de *dit*.

Madeleine JEAY, « Le Dit et son énonciateur. Le métadiscours de Baudouin et Jean de Condé »

Dans les énoncés introductifs et conclusifs de leurs dits, Baudouin et Jean de Condé élaborent une terminologie diversifiée pour désigner leurs pièces et l'accompagnent d'une réflexion sur leur pratique de ménestrels. Celle-ci trouve sa légitimité dans la portée exemplaire de textes destinés à un public que l'on souhaiterait digne d'en apprécier la teneur. Il se dégage de ce métadiscours une conception du dit qui découle de cette terminologie et de leur conception de leur *métier* de ménestrels.

Yasmina FOEHR-JANSSENS, « La génération du dit. Baudouin et Jean de Condé au prisme de la généalogie poétique »

Les œuvres de Baudouin et Jean de Condé ont été rassemblées dans deux importants manuscrits : Paris, BnF, fr. 1446 et Paris, Arsenal, 3524. Ce dernier comporte une rubrique qui fait de Jean le fils de Baudouin. La présente étude s'intéresse à la manière dont cette affirmation de parenté affecte la tradition manuscrite des deux auteurs. Dans un second temps, elle compare les pratiques poétiques du père et du fils du point de vue de leurs usages respectifs de la métaphore de la génération.

Gabriel CHOLETTE, « *Par cest essample doit entendre…* Le statut du récit dans la définition médiévale du dit »

Les dits qui donnent à lire des récits sont rares. Si l'on retire de la liste de Monique Léonard les textes qui se désignent comme *fable, fabliau, lai* ou *miracle* dans le corps du texte ou dans le paratexte, il reste 34 textes narratifs. Leur examen révèle plusieurs caractéristiques communes, dont le dispositif énonciatif. Il sera alors question d'observer cette modulation de la voix dans son processus, c'est-à-dire d'examiner les moments pivots du discours et de l'enchaînement *je : il : nous.*

Mathias SIEFFERT, « Le dit comme écriture de la contingence amoureuse. Sur le *Remède de Fortune* de Guillaume de Machaut »

Ars amandi et *ars poetica*, le *Remède de Fortune* de Guillaume de Machaut pose une question : la poésie permet-elle de remédier à l'inquiétude du désir ? Les insertions lyriques qui rythment le dit illustrent une évolution allant d'une poésie de contingence, soumise à la loi du désir, à une poésie de mémoire, portée par Espérance. Mais si la poésie permet à l'amant de vaincre son angoisse, peut-elle suffire à conjurer la contingence, plus menaçante encore, du désir de la dame ?

Jacqueline CERQUIGLINI-TOULET, « L'invention du *dit*. Quand le dit devient un écrit »

À partir des sens premiers du mot, l'article explore les critères qui permettent de caractériser le *dit* comme genre, critères qui ne fonctionnent qu'en combinaison. Il interroge la question de la longueur de cette forme, en particulier à travers l'exemple des dits en quatrains d'alexandrins monorimes. Il examine enfin la concurrence des mots *dit* et *livre* à partir du XIVe siècle en tant que désignation générique. Il y a bien eu un moule mental du *dit* qui s'estompe quand la prose et le genre qui la soutient, le *livre*, l'emportent.

TABLE DES MATIÈRES

IMPRIM'VERT®

Achevé d'imprimer par Corlet,
Condé-en-Normandie (Calvados),
en Mars 2022
N° d'impression : 175283 - dépôt légal : Mars 2022
Imprimé en France